新学習指導要領対応

小学校音楽

イチ押し 授業モデル

中学年

指導案形式で
分かりやすい！

授業展開から
評価まで
ていねいな解説！

授業づくりの
アイデアが
たくさん！

今村行道・津田正之 編著

明治図書

はじめに

　令和の教育の道標となる，新学習指導要領（平成29年告示）が，令和２年度から全面実施となりました。教科書が新しくなり，学習評価に関する参考資料も公刊されました。新しい時代の音楽科教育に，今，大きな関心と期待が集まっています。

　そのような状況を踏まえ，新学習指導要領の趣旨を踏まえた音楽の授業を担う全国の先生方のお役に立てることを願い，本書『新学習指導要領対応　小学校音楽イチ押し授業モデル』（低・中・高学年　全３巻）を編みました。

　１章では，新学習指導要領でつくる，これからの音楽授業について理解を深めていただくことを目的に，下記の点について編者の今村と津田で解説しました。
・新学習指導要領の目標や内容，育成する資質・能力，学習評価の趣旨
・趣旨を踏まえた授業構成のポイント
・中学年の目標や，発達段階を踏まえた学習活動（歌唱，器楽，音楽づくり，鑑賞）の特徴
・中学年の題材・教材一覧と，発達段階を踏まえた教材（歌唱，器楽，鑑賞）の特徴
・年間指導計画作成のポイント

　２章では，新学習指導要領の趣旨を踏まえた，中学年の音楽の授業モデルとなる20の題材モデル（実践事例）を紹介しました。歌唱，器楽，音楽づくり，鑑賞の活動を中心とした実践事例が，それぞれ５本ずつ掲載されています。各題材の内容などに応じた学習指導案の作成方法や，それぞれの実践における授業づくりのポイントなどについて，一般的な学習指導案の書式を通して，分かりやすく示すようにしました。

　本書が，全国の熱意ある先生方のお役に立つことができましたら，この上ない喜びです。

　題材モデルの執筆を担当してくださったのは，編者がこれまで各種研究会でご縁をいただいた横浜，千葉，埼玉などの先生方です。新学習指導要領の趣旨をよくご理解いただき，趣旨を踏まえた優れた実践事例をご提供いただきました。また，本書の編集を担当してくださった明治図書の木村悠さんは，遅筆の編者を叱咤激励しつつ，迅速かつていねいに編集作業を進めてくださいました。本書の刊行にご尽力いただいた全ての皆様に，厚く御礼を申し上げます。

2020年10月

今村　行道，津田　正之

もくじ

♪ 器楽

♪ 音楽づくり

♪ **鑑賞**

1章

新学習指導要領でつくる！これからの音楽授業

1990（平成２年）：57.6%　⇨　2015（平成27年）：71.5%

　この数値は，好きな教科の調査で「音楽が好き（とても好き＋好き）」と回答した児童（第５学年）の割合の変化です[1]。25年間で「音楽が好き」という児童の割合が13.9%増加しています。

　平成は「児童主体の授業づくり」を進めてきた時代でした。数値の変化は，**これまで全国の先生方が学習指導要領の趣旨を踏まえ，意欲的に授業改善を図ってきた成果**の一端を表していると言えるでしょう。

　令和の時代は，これまでの授業改善の成果をしっかりと受け継ぎ，音楽の授業がさらに充実することが期待されます。１章では，新学習指導要領の趣旨と，その趣旨を踏まえた授業づくりについて解説します。

1　新学習指導要領—目標や内容，学習評価の示し方の変化—

❶ 目標の示し方

　新学習指導要領では，教科の目標は次のように示されています。

　<u>表現及び鑑賞の活動を通して</u>，<u>音楽的な見方・考え方を働かせ</u>，<u>生活や社会の中の音や音楽と豊かに関わる資質・能力</u>を次のとおり育成することを目指す。　　　　※下線，二重線，－〔　〕引用者

(1) 曲想と音楽の構造などとの関わりについて理解するとともに，表したい音楽表現をするために必要な技能を身に付けるようにする。　　　　　　　　　　　　　　－〔知識及び技能〕

(2) 音楽表現を工夫することや，音楽を味わって聴くことができるようにする。

　　　　　　　　　　　　　　　　　　　　　　　　　－〔思考力，判断力，表現力等〕

(3) 音楽活動の楽しさを体験することを通して，音楽を愛好する心情と音楽に対する感性を育むとともに，音楽に親しむ態度を養い，豊かな情操を培う。　　　　－〔学びに向かう力，人間性等〕

　冒頭では，次のことが示されています。

　音楽科は，「<u>生活や社会の中の音や音楽と豊かに関わる資質・能力</u>」の育成を目指す教科であること〔目的〕，資質・能力の育成に当たっては，「<u>表現及び鑑賞の活動を通して</u>」「<u>音楽的な見方・考え方を働かせ</u>」て学習に取り組めるようにする必要があること〔方法〕。

　「音楽的な見方・考え方」とは「**音楽科の特質に応じた，物事を捉える視点や考え方**」であ

---

[1] ベネッセ教育情報サイト「25年間で子どもの好きな教科はどう変わった？」ベネッセ教育総合研究所が実施した好きな教科・活動の調査　https://benesse.jp/kyouiku/201706/20170607-2.html

り，「音楽に対する感性を働かせ，音や音楽を，音楽を形づくっている要素とその働きの視点で捉え，自己のイメージや感情，生活や文化などと関連付けること」とされています。資質・能力を育成するために働かせる「学びのエンジン」の役割を担っています。

　「生活や社会の中の音や音楽と豊かに関わる資質・能力」とは，(1)，(2)，(3) を指し，(1)「知識及び技能」の習得，(2)「思考力，判断力，表現力等」の育成，(3)「学びに向かう力，人間性等」の涵養に関する目標で構成されています。新学習指導要領では，全ての教科等の目標や内容が，この「三つの柱」で再整理されました。下記は，従前の教科の目標の文言が，新しい目標でどのように位置付けられたのかを示したものです。

従前（平成10，20年改訂）の目標	新しい目標（平成29年改訂）での位置付け
・表現及び鑑賞の活動を通して，	・目標の文頭（柱書）に位置付けている。
・音楽を愛好する心情と音楽に対する感性を育てるとともに，	・(3)（「学びに向かう力，人間性等」の涵養に関する目標）として位置付けている。
・音楽活動の基礎的な能力を培い，	・(1)（「知識及び技能」の習得に関する目標）及び (2)（「思考力，判断力，表現力等」の育成に関する目標）として位置付けている。
・豊かな情操を養う。	

❷ 内容の示し方

　下表は，新学習指導要領の内容構成を，目標，学習評価との関係を含めて示したものです。

育成する資質・能力			知識及び技能	思考力，判断力，表現力等	学びに向かう力，人間性等
教科の目標			(1)	(2)	(3)
学年の目標			(1)	(2)	(3)
内容	A表現	(1)歌唱	イ	ウ(ア)(イ)(ウ)	ア	学びに向かう力，人間性等は，内容の学習を通し育成されるものである。
		(2)器楽	イ(ア)(イ)	ウ(ア)(イ)(ウ)	ア	
		(3)音楽づくり	イ(ア)(イ)	ウ(ア)(イ)	ア(ア)(イ)	
	B鑑賞　(1)鑑賞		イ	―	ア	
	〔共通事項〕(1)		イ	―	ア	
観点別学習状況の評価の観点			知識・技能	思考・判断・表現	主体的に学習に取り組む態度

　内容の示し方の変更点は，「A表現」，「B鑑賞」及び〔共通事項〕(1) の内容が，**ア「思考力，判断力，表現力等」，イ「知識」，ウ「技能」に再整理**されたことです。

　下記は，従前の内容の一例です。一つの事項に対して，複数の資質・能力が一体的に表記されていることがありました。高学年の (1) 歌唱の事項イです。

(1) 歌唱イ：歌詞の内容，曲想を生かした表現を工夫し，思いや意図をもって 歌うこと。
〔知識〕　　　　　　　　　　〔思考力，判断力，表現力等〕　〔技能〕　　　※下線〔 〕等引用者

一方，下記は，新学習指導要領の内容の一例です。高学年（1）歌唱の事項ア，イ，ウです。

A　表現　　　　　　　　　　　　　　　　　　　　　※下線，−〔　〕引用者

（1）歌唱の活動を通して，次の事項を身に付けることができるよう指導する。

　ア　歌唱表現についての<u>知識や技能を得たり生かしたりしながら</u>，曲の特徴にふさわしい表現を工夫し，どのように歌うかについて思いや意図をもつこと。−〔思考力，判断力，表現力等〕

　イ　曲想と音楽の構造や歌詞の内容との関わりについて理解すること。−〔知識〕

　ウ　<u>思いや意図に合った表現をするために必要な</u>次の㋐から㋒までの技能を身に付けること。

　　㋐　範唱を聴いたり，ハ長調及びイ短調の楽譜を見たりして歌う技能

　　㋑　呼吸及び発音の仕方に気を付けて，自然で無理のない，響きのある歌い方で歌う技能

　　㋒　各声部の歌声や全体の響き，伴奏を聴いて，声を合わせて歌う技能　−〔技能〕

新学習指導要領では，資質・能力別に再整理され，**指導内容が一層明確**になっています。

2　新学習指導要領で育成する資質・能力

❶「知識」の内容—感じ取り，理解したものと捉える

音楽を形づくっている要素の働きなどについて理解し，表現や鑑賞などに生かすことができる知識，学習の過程において，**音楽に対する感性を働かせて感じ取り，理解した知識**として位置付けられています。単に作曲者，記号や用語等の名称を覚えることだけではありません。

❷「技能」の内容—「思考力，判断力，表現力等」との関連を図る

ウの冒頭に<u>「思いや意図に合った表現をするために必要な」</u>と示されているように，**表したい思いや意図と関わらせて習得できるようにすべき内容**として位置付けられています。

❸「思考力，判断力，表現力等」の内容—「知識」や「技能」との関連を図る

表現及び鑑賞の事項アの冒頭に<u>「知識（や技能）を得たり生かしたり」</u>と示されているように，**知識や技能の習得・活用と関わらせて育成する内容**として位置付けられています。

〔共通事項〕（1）アについては，従前の内容に**「聴き取ったことと感じ取ったこととの関わりについて考えること」**が加えられ，「思考力，判断力，表現力等」に関する内容として明記されました。聴き取ったことと感じ取ったことのそれぞれを自覚し，確認しながら結び付けていくという思考を働かせることが，曲想と音楽の構造との関わりについて理解したり，音楽表現を工夫したり，曲や演奏のよさなどを見いだしたりするために重要となります。

❹「学びに向かう力，人間性等」―主体的・協働的な学びを重視する

　教科の目標には，主体的，創造的に音楽活動に取り組む楽しさを実感しながら，**音楽を愛好する心情，音楽に対する感性，音楽に親しむ態度，豊かな情操を培う**ことが明記されています。また，学年の目標には，児童が**自ら音楽に関わり，協働して音楽活動をする楽しさを感じたり**味わったりしながら，**様々な音楽に親しむこと**，音楽の授業で得た**音楽経験を生かして生活を明るく潤いのあるものにしようとする**態度を育てることが，全学年共通に明記されています。

3　新しい学習評価

❶ 新しい評価の観点とその趣旨

　平成29年の改訂を踏まえた新しい学習評価は，「知識・技能」，「思考・判断・表現」，「主体的に学習に取り組む態度」の三観点に整理されました。新しい「評価の観点とその趣旨」(2019)[2]は下記の通りです。**教科及び学年の目標，内容と整合する**ように示されています。

知識・技能	思考・判断・表現	主体的に学習に取り組む態度
・曲想と音楽の構造との関わりについて理解している。【知識】 ・表したい音楽表現をするために必要な技能を身に付け，歌ったり，演奏したり，音楽をつくったりしている。【技能】	音楽を形づくっている要素を聴き取り，それらの働きが生み出すよさや面白さ，美しさを感じ取りながら，聴き取ったことと感じ取ったこととの関わりについて考え，どのように表すかについて思いや意図をもったり，曲や演奏のよさなどを見いだし，音楽を味わって聴いたりしている。	音や音楽に親しむことができるよう，音楽活動を楽しみながら主体的・協働的に表現及び鑑賞の学習活動に取り組もうとしている。 ※【　】，下線：引用者

❷「知識・技能」及び「思考・判断・表現」

　「知識」と「技能」は，内容の表記（イ知識，ウ技能）に合わせて別々に示されています。「思考・判断・表現」については，〔共通事項〕(1) ア（下線）と，「A表現」（歌唱，器楽，音楽づくり）ア（二重線），「B鑑賞」ア（波線）について示されています。

　目標や内容と観点の趣旨との違いは，文末を「理解している」「歌っている」「もっている」「取り組もうとしている」のように，**学習状況を見取る趣旨を明確にしている**点です。

❸「主体的に学習に取り組む態度」

　「主体的に学習に取り組む態度」は，教科及び学年の目標の(3)「学びに向かう力，人間性等」のうち，「観点別学習状況の評価を通じて見取ることができる部分」に対応します。感性，

---

[2]　文部科学省「小学校，中学校，高等学校及び特別支援学校等における児童生徒の学習評価及び指導要録の改善等について（通知）」（平成31年3月，文科初第1845号初等中等教育局長通知）。

情操，生活を明るく潤いのあるものにしようとする態度などは，個人内評価を通じて見取る部分となります。本観点では，「知識や技能を獲得したり，思考力，判断力，表現力等を身に付けたりすることに向けた粘り強い取組を行おうとしている側面」，「粘り強い取組を行う中で，自らの学習を調整しようとする側面」の二つを評価することが求められます。

　なお，学習評価の詳細については，「『指導と評価の一体化』のための学習評価に関する参考資料（小学校音楽）」（国立教育政策研究所，2020，東洋館出版社）をご参照ください。

4 授業（題材）構成のポイント

　一連の授業を構成する実質的な単位が「題材」です。ここでは，新しい目標，内容，学習評価を踏まえて，どのように授業（題材）を構成するのか，そのポイントを解説します。

❶ 一題材を構成する内容の単位

　各題材の内容は，歌唱，器楽，音楽づくり，鑑賞の活動ベースで構成します。

　各題材に盛り込むべき内容は，次のA（1），A（2），A（3），B（1）のまとまりを基本とします。A（1），A（2），A（3），B（1）において，ア「思考力，判断力，

> A（1）：歌唱（ア，イ，ウ）及び〔共通事項〕(1) ア
> A（2）：器楽（ア，イ，ウ）及び〔共通事項〕(1) ア
> A（3）：音楽づくり（ア，イ，ウ）及び〔共通事項〕(1) ア
> B（1）：鑑賞（ア，イ）及び〔共通事項〕(1) ア

表現力等」，イ「知識」，ウ「技能」の事項を互いに関連付けながら全て扱うこと〔(ｱ)(ｲ)(ｳ)については一つ以上〕，各活動の事項と〔共通事項〕(1) アとの関連を十分に図ることが必須の要件です。〔共通事項〕の扱いについては，思考・判断のよりどころとなる主な「音楽を形づくっている要素」を明確にしておくことが必要です。

　また，(3) 音楽づくりは，「音遊びや即興的な表現の活動」〔ア，イ，ウの各事項の(ｱ)〕と，「音を音楽へと構成する活動」〔ア，イ，ウの各事項の(ｲ)〕の二つの活動からなります。音楽づくりの題材では，何らかの形で両方の活動が含まれるものですが，育成する資質・能力を明確にする観点から，学習として位置付ける内容を，(ｱ)の内容のまとまりとするか，(ｲ)の内容のまとまりとするか，(ｱ)と(ｲ)の両方の内容のまとまりとするか，を明確にして題材を構成することが大切です。

　さらに，A（1），A（2），A（3），B（1）を一つの単位とした上で，表現及び鑑賞の各活動の学習が充実するように，適宜，「音楽づくり」と「鑑賞」のように，**領域や分野の関連を図った題材構成を工夫する**ことも必要です。その際，祭り囃子の音楽の鑑賞を充実するために，実際に和太鼓を打ったり，音楽づくりの活動を充実するために，曲の一部を聴かせたりすることがあります。このような場合は，器楽や鑑賞の事項の学習としては扱いません。

❷ 題材の目標及び評価規準の示し方

　題材の目標は，学年の目標と扱う事項を基に設定します。学年の目標に準じて，(1)「知識及び技能」の習得，(2)「思考力，判断力，表現力等」の育成，(3)「学びに向かう力，人間性等」の涵養の「三つの柱」で設定する方法が分かりやすいでしょう。(1) や (2) の文言は，基本的に扱う事項の文言を用いて，**教材曲を記入する**，思考・判断のよりどころとなる主な「**音楽を形づくっている要素**」の具体を記入する，などして題材の内容に合うように調整します。

　評価の観点は，必然的に目標に準じたものになりますが，(3) の評価については「**主体的に学習に取り組む態度**」として評価します。その際「**題材の目標や評価規準の設定**」においては，次のような示し方を基本にするとよいでしょう。[] 部分は題材の内容に即して記入します。

　[その題材の学習に粘り強く取り組んだり，自らの学習を調整しようとする意思をもったりできるようにするために必要となる，取り扱う教材曲の特徴や学習内容など，興味・関心をもたせたい事柄] に興味・関心をもち，音楽活動を楽しみながら主体的・協働的に [該当する学習活動，歌唱，器楽，音楽づくり，鑑賞から選択] の学習活動に取り組み，[題材の学習を通して親しみをもてるようにしたい事柄] に親しむ。※評価規準では下線部をカットし，前の文の文末を「取り組もうとしている」に調整。

❸ 指導と評価の計画—指導と評価の一体化を図る

　指導と評価を充実するためには，指導過程において**それぞれの資質・能力に関する内容を相互に関わらせながら，どの場面でどのように育成しどのように見取るのか**，を明確にすることが必要です。評価の計画では，**児童の学習状況を把握し，学習の改善に向けて教師がていねいに働きかける**「指導に生かす評価」の場面を，「矢印（↓）」を付けて表しています。特に「主体的に学習に取り組む態度」の指導と評価では，この点が重要になります。その上で，全員の学習状況を記録に残す「記録に残す評価」の場面を，「知」「技」「思」「態」などの略語で表しています。

　また，評価の方法には，「学習状況の観察」，「演奏表現」，「発言」，「学習カード・ワークシート」などがあります。各評価規準に照らして適切な方法を選択します。

❹ 資質・能力が身に付いている児童の姿の想定

　指導と評価を充実するためには，**資質・能力が身に付いている児童の姿を具体的に想定する**ことが大事です。学習指導要領解説には，具体的なイメージが掲載されています。

【曲想及びその変化と，音楽の構造との関わりについて理解している姿】　高学年：鑑賞イ
・ゆったりとしておだやかな感じから，動きのあるにぎやかな感じに変わったのは，尺八が旋律で箏が伴奏をしているような音楽が，真ん中では箏と尺八が呼びかけてこたえているような音楽になっているから。

【どのように歌うかについて<u>思いや意図</u>をもっている姿】　中学年：歌唱ア

・２羽の鳥が呼びかけ合いながら遠ざかっていく感じが伝わるように，強く，やや弱く，やや強く，弱く歌おう。

　題材（教材曲，学習活動）の特質に応じて資質・能力が身に付いている児童の姿を想定することが，指導と評価の一体化と，教師による児童の働きかけの質を高めていきます。そのためには，具体的な指導法も含めた教材研究を深めることが重要です。

❺ 「主体的・対話的で深い学び」の視点からの授業改善

　資質・能力を育成するために，「主体的な学び」「対話的な学び」「深い学び」の視点から授業改善を図ることが指導計画作成上のポイントとして強調されています。本書で紹介する事例も，これらの視点を生かして提案されています。要点を列挙しましょう。

・「主体的な学び」：学習の見通しをもてるようにすること，学んだことを振り返り，自己の学びや変容を自覚し，次の学びにつなげていけるようにすることが大切です。

・「対話的な学び」：友達との対話，教師との対話，作品との対話，地域の方との対話，つくり手（作詞，作曲者）との対話など，多様な他者との対話を通して，自分の考えなどを広げたり深めたりできるようにすることが大切です。

・「深い学び」：題材の学習過程において「音楽的な見方・考え方」を働かせることができるようにすることが大切です。具体的には，音楽的な見方・考え方を働かせた学びを通して，知識を相互に関連付けて理解を深めている姿，知識や技能の習得・活用との関連を十分に図りながら音楽表現の思いや意図を高めている姿など，学びが深まっている児童の姿を描き，その姿の実現に向けて効果的な指導の手立てを工夫することが求められます。

❻ ICT の活用

　ICT の活用はこれからの音楽科教育の必須のアイテムです。五つのポイントを紹介します。

【学習指導の準備と評価のための教師による ICT 活用】

　まず，教師が授業で使う教材や資料を収集するために，インターネット等を活用することができます。次に，授業に必要な掲示資料を作成するために，プレゼンテーションソフトなどを活用することができます。また，児童の学習評価を適切に行うために，児童の演奏等を IC レコーダー等で記録し，学習評価資料を集積することができます。

【授業での教師による ICT 活用】

　授業の導入部分における ICT 活用は，学習内容への興味・関心を高める有効な手段です。和楽器などの演奏の様子を，教科書会社等発信のデジタルコンテンツなどで視聴させることで，児童が演奏方法や姿勢などについて学習する際に，実際の演奏への意欲付けを行うことができ

ます。

　また，改善点や工夫点などの学習課題を明確に把握できるようにするために，**児童が歌ったり，楽器を演奏したりしている様子をタブレットなどで撮影する**といった活用も考えられます。

【児童による ICT 活用】

　児童が ICT を活用する際は，**発達の段階を考慮する**ことが大切です。特に低学年では，基本的な操作の習得や体験活動を通して機器に慣れ，**段階的に ICT に触れる機会を増やしてい**き，授業内で**児童が活用していく方法を探っていく**ことが重要です。

　具体的には，次のようなことが考えられます。

・教材曲や作曲者，作詞者などの情報を，インターネットなどを活用して収集すること。
・友達と協力して音楽制作用ソフトやアプリ等を活用し，音の長さや高さの組合せ，フレーズの重ね方を，視覚と聴覚で確認しながら試行錯誤し，リズムや旋律をつくること。
・自分たちの演奏を，IC レコーダーやタブレットなどを活用して録音・録画し記録することで，演奏のよさや課題に自ら気付くようにすること。

【プログラミング教育における ICT 活用】

　音楽科におけるプログラミング教育については，文部科学省『プログラミング教育の手引』第三版（2020）〈同省ホームページ参照〉に，「Ｂ−①　様々なリズム・パターンを組み合わせて音楽をつくることを，プログラミングを通して学習する場面（第３学年〜第６学年）」が例示され，ここで **ICT の活用**が想定されています。本活動のよさとして，児童の器楽の技能や読譜などの能力に大きく左右されずに活動できるため，無理なく音楽づくりの活動に取り組めることが挙げられています。

【GIGA スクール構想を想定した ICT 活用】

　GIGA（Global and Innovation Gateway for All）スクール構想とは，文部科学省による「**１人１台端末及び高速大容量の通信ネットワークを一体的に整備する方針**」です。令和元年度の補正予算に組み込まれ，令和の時代のスタンダードな学校像として，全国一律の ICT 環境整備が急務であることが，文部科学大臣からメッセージとして示されました。

　音楽科においても，**児童一人一人が端末をもっていることを想定した音楽の授業の在り方を考える必要があります。**今後，音楽制作用ソフトやアプリを使いこなし，レイヤーをループ（反復）したり，ミックス（重ねる）したりしながらオリジナル曲を制作していく児童も増えていくでしょう。**Society 5.0時代**に生きる子供たちを教える**教師に必要なことは，**まずこれらのソフトやアプリを使って，**自ら曲を制作してみる姿勢をもつ**ことです。教師の新たなチャレンジが，これからの音楽科教育の行く末を左右するといっても過言ではないでしょう。

5 第3学年及び第4学年の特徴

❶ 第3学年及び第4学年の目標

---

(1) 曲想と音楽の構造などとの関わりについて気付くとともに，表したい音楽表現をするために必要な歌唱，器楽，音楽づくりの技能を身に付けるようにする。

　　　　　　　　　　　　　　　　　　　　　　　　　　　　　—〔知識及び技能〕

(2) 音楽表現を考えて表現に対する思いや意図をもつことや，曲や演奏のよさなどを見いだしながら音楽を味わって聴くことができるようにする。

　　　　　　　　　　　　　　　　　　　　　　　—〔思考力，判断力，表現力等〕

(3) 進んで音楽に関わり，協働して音楽活動をする楽しさを感じながら，様々な音楽に親しむとともに，音楽経験を生かして生活を明るく潤いのあるものにしようとする態度を養う。—〔学びに向かう力，人間性等〕　　　　　　　　　　※—〔 〕引用者

　学年の目標は，教科の目標と同様に，(1)「知識及び技能」の習得，(2)「思考力，判断力，表現力等」の育成，(3)「学びに向かう力，人間性等」の涵養に関する目標で構成されています。

　中学年では，「知識」の習得について「気付く」とし，「技能」の習得について「表したい音楽表現をする」ために必要な技能と示しています。また，表現領域の「思考力，判断力，表現力等」の育成については，「表現に対する思いや意図をもつこと」，鑑賞領域については，「曲や演奏のよさなど」を見いだすと示しています。さらに，「学びに向かう力，人間性等」の涵養について，「進んで音楽に関わり，協働して音楽活動をする楽しさを感じながら」と示しています。

❷ 歌唱の活動における特徴

　中学年の児童は，曲の特徴を意識して聴こうとしたり，感じ取ったことや想像したことを伝え合い，それを生かして歌おうとしたりする意欲をもつようになってくる傾向が見られます。また，範唱を聴いて歌声を工夫しようとしたり，楽譜に興味をもって歌おうとしたりする傾向や，友達と歌声を合わせて歌唱活動に意欲をもって取り組むようになってくる傾向が見られます。さらに，歌詞の内容にふさわしい表現への意欲が高まるとともに，高学年の響きのある歌い方へのあこがれが強くなり，発生や発音に気を付けて歌うことができるようになってくる傾向が見られます。

　そこで中学年では，児童が「歌うことが好き」と思えるようにすることを大事にしながら，意欲をもって主体的に取り組むことができる歌唱の活動を進めることが重要となります。その

ような歌唱の活動の中で，歌う喜びを味わい，歌うことを通して音楽のよさに触れるとともに，曲の特徴を捉えた表現を工夫したり，思いや意図に合った表現で歌ったりする楽しさを味わうことができるように指導することが大切です。

❸ 器楽の活動における特徴

　中学年の児童は，曲の特徴を意識して聴こうとしたり，感じ取ったことや想像したことを伝え合い，それを生かして演奏を工夫しようとしたりする意欲をもつようになってくる傾向が見られます。また，範奏を聴いて，音色を工夫して旋律を演奏しようとしたり，楽譜を見ながら演奏しようとしたりする意欲が高まってくる時期であり，様々な楽器を演奏したいという思いを膨らませるとともに，それらの演奏の仕方に興味・関心をもつようになる傾向や，友達と合わせて演奏する活動に意欲をもって取り組むようになってくる傾向が見られます。

　そこで中学年では，児童が「いろいろな楽器を演奏することに挑戦したい」と思えるようにすることを大事にしながら，意欲をもって主体的に取り組むことができる器楽の活動を進めることが重要となります。そのような器楽の活動の中で，低学年で感じ取った器楽表現の楽しさを基盤にしながら，既習の楽器を含めてリコーダーや鍵盤楽器，和楽器などの演奏に取り組み，曲の特徴を捉えた表現を工夫したり，思いや意図に合った表現で演奏したりする楽しさを味わうことができるように指導することが大切です。

❹ 音楽づくりの活動における特徴

　中学年の児童は，低学年での音遊びの経験を基に，各楽器の音の響きのよさや面白さに気付くようになり，自分が表したい音の響きやそれらの組合せを試そうとする傾向が見られます。このような児童の実態を踏まえ，中学年では，即興的に表現する活動や音を音楽へと構成していく活動を通して，児童がいろいろな表現の仕方を試しながら，音楽をつくる楽しさを味わうことができるように指導することが大切です。

❺ 鑑賞の活動における特徴

　中学年の児童は，音楽の特徴を捉え，旋律やリズムの反復及びその変化に興味をもって聴こうとする傾向が見られます。

　そこで中学年では，児童が「いろいろな種類の音楽を聴いてみたい」と思えるようにすることを大事にしながら，意欲をもって主体的に取り組むことができる鑑賞の活動を進めることが重要となります。そのような鑑賞の活動の中で，低学年で味わった楽しさを基盤にしながら，音楽から感じ取ったことを，言葉や体の動きで表して伝え合うなどの活動を効果的に取り入れて，曲や演奏のよさなどを見いだしながら，音楽を全体にわたって味わって聴く楽しさを感じ取れるように指導することが大切です。

6 第3学年及び第4学年の題材・教材一覧

❶ 中学年における歌唱，器楽教材の特徴

　中学年で取り上げる主な歌唱教材は，各学年4曲ずつの共通教材を含めて，斉唱や平易な合唱で歌う曲が対象となります。器楽教材は，歌唱で学習した教材を含め，器楽のためにつくられた重奏や合奏などの曲が対象となります。その際，和音の取扱いについては，Ⅰ，Ⅳ，Ⅴなどを中心とし，特に低音の充実を考慮します。

本書における第3学年の題材一覧

収録NO	領域分野	題材名 「教材名」	本題材で扱う主な指導事項 ※主な音楽を形づくっている要素	時数
1	歌唱	しぜんでむりのない歌い方で歌おう 「この山光る」	(1)ア，イ，ウ(イ)(ウ)〔共〕(1)ア ※音色，旋律，拍，音楽の縦と横との関係	2
2		曲の山をかんじとって歌おう 「ふじ山」〈共通教材〉	(1)ア，イ，ウ(ア)(イ)〔共〕(1)ア ※旋律，強弱，フレーズ	2
3		せんりつのとくちょうをかんじとって歌おう 「とどけよう　このゆめを」	(1)ア，イ，ウ(イ)〔共〕(1)ア ※旋律，拍，フレーズ	2
6	器楽	せんりつのとくちょうを生かしてえんそうしよう 「あの雲のように」	(2)ア，イ(イ)，ウ(イ)〔共〕(1)ア ※旋律，音の重なり，拍，フレーズ	3
7		アンサンブルを楽しもう 「せいじゃの行進」	(2)ア，イ(ア)(イ)，ウ(ウ)〔共〕(1)ア ※音色，旋律，呼びかけとこたえ，音楽の縦と横との関係	3
11	音楽づくり	いろいろな声で表げんしよう	(3)ア(ア)，イ(ア)，ウ(ア)〔共〕(1)ア ※音色，音楽の縦と横との関係	2
12		わたしたちのおはやしをつくろう	(3)ア(イ)，イ(イ)，ウ(イ)〔共〕(1)ア ※リズム，旋律，拍，反復，変化	3
16	鑑賞	いろいろな音のひびきをかんじとろう 「トランペットふきの休日」「アレグロ」	(1)ア，イ〔共〕(1)ア ※音色，旋律，反復，変化	2
17		地いきにつたわる音楽でつながろう 「祇園囃子」「ねぶた囃子」「神田囃子」	(1)ア，イ〔共〕(1)ア ※音色，リズム，旋律，速度，音楽の縦と横との関係	5

・本題材では，複数の領域・分野を関連付けて構成されているものもありますが，ここでは**主な活動に絞って**掲載しています。
・「**本題材で扱う主な指導事項**」には，学習指導要領の内容を示しています。〔共〕は〔共通事項〕の略記です。
・「**※主な音楽を形づくっている要素**」には，本題材において，児童の思考・判断のよりどころとなる主なものを，「音楽を特徴付けている要素」及び「音楽の仕組み」の中から選択して示しています。
・〔共通事項〕(1)イ，及びそこで扱う「音符，休符，記号や用語」については，ここでは特に示していませんが，〔共通事項〕(1)アの学習と関連を図るなどして，適宜，取り扱うようにします。

❷ 中学年における鑑賞教材の特徴

　中学年では，和楽器の音楽を含めた我が国の音楽，郷土の音楽，諸外国に伝わる民謡など生活との関わりを捉えやすい音楽，劇の音楽，人々に長く親しまれている音楽など，いろいろな種類の曲を選択します。また，音楽を形づくっている要素の働きを感じ取りやすく，聴く楽しさを得やすい曲，楽器や人の声による演奏表現の違いを聴き取りやすい，独奏，重奏，独唱，重唱を含めたいろいろな演奏形態による曲を選択することが大切です。

本書における第4学年の題材一覧

収録 NO	領域 分野	題材名 「教材名」	本題材で扱う主な指導事項 ※主な音楽を形づくっている要素	時数
4	歌 唱	曲のとくちょう生かして歌おう 「まきばの朝」〈共通教材〉	(1)ア，イ，ウ(イ)，〔共〕(1)ア ※旋律，強弱，フレーズ	2
5		曲のとくちょうをとらえて歌おう 「とんび」〈共通教材〉	(1)ア，イ，ウ(ア)(イ)，〔共〕(1)ア ※旋律，強弱，フレーズ，呼びかけとこたえ	2
8	器 楽	きょうどやわが国の音楽をえんそうしよう 「地いきに伝わるおはやし」	(2)ア，イ(イ)，ウ(イ)，〔共〕(1)ア ※音色，リズム，音楽の縦と横との関係	3
9		曲のとくちょうに合ったえんそうを工夫しよう 「茶色の小びん」	(2)ア，イ(イ)，ウ(イ)，〔共〕(1)ア ※音色，リズム，旋律，音楽の縦と横との関係	4
10		たがいの楽器の音をきき，音を合わせてえんそうしよう 「ラ・クンパルシータ」	(2)ア，イ(ア)(イ)，ウ(ウ)，〔共〕(1)ア ※リズム，旋律，反復，音楽の縦と横との関係	4
13	音楽づくり	言葉でリズムアンサンブルをつくろう	(3)ア(イ)，イ(イ)，ウ(イ)，〔共〕(1)ア ※リズム，拍，反復，呼びかけとこたえ，変化	3
14		音階から音楽をつくろう	(3)ア(イ)，イ(イ)，ウ(イ)，〔共〕(1)ア ※リズム，旋律，音階	3
15		音のとくちょうを生かして打楽器の音楽をつくろう	(3)ア(イ)，イ(イ)，ウ(イ)，〔共〕(1)ア ※音色，強弱，音楽の縦と横との関係	3
18	鑑 賞	日本の音楽に親しもう 「ソーラン節」「南部牛追い歌」	(1)ア，イ，〔共〕(1)ア ※リズム，旋律，拍	2
19		せんりつの重なりを感じ取ろう 「ファランドール」	(1)ア，イ，〔共〕(1)ア ※旋律，反復，変化，音楽の縦と横との関係	2
20		曲のよさを味わってきこう 「山の魔王の宮殿にて」	(1)ア，イ，〔共〕(1)ア ※速度，旋律，強弱，反復	2

・本題材では，複数の領域・分野を関連付けて構成されているものもありますが，ここでは主な活動に絞って掲載しています。
・「本題材で扱う主な指導事項」には，学習指導要領の内容を示しています。〔共〕は〔共通事項〕の略記です。
・「※主な音楽を形づくっている要素」には，本題材において，児童の思考・判断のよりどころとなる主なものを，「音楽を特徴付けている要素」及び「音楽の仕組み」の中から選択して示しています。
・〔共通事項〕(1)イ，及びそこで扱う「音符，休符，記号や用語」については，ここでは特に示していませんが，〔共通事項〕(1)アの学習と関連を図るなどして，適宜，取り扱うようにします。

7 年間指導計画の作成のポイント

年間指導計画とは，年間を見通した学習指導の設計図です。題材名，扱う時期，主な教材名，題材の目標，学習指導要領の内容，評価規準，学校行事や他教科との関連等がマトリックスの形で示されるのが一般的です。地域の実態などを踏まえ，各学校において作成します。

❶ 長期的な見通しをもち，学習活動，内容に偏りがないように配慮する

各学期及び年間を見通して，**各活動（歌唱，器楽，音楽づくり，鑑賞）及び学習指導要領で扱う内容に偏りがないように配慮する**ことが必要です。また，年間を見通して題材間の関連を図ることも大切です。例えば，1学期に行った「日本の民謡」の特徴を捉えて歌う学習を，2学期で行う民謡音階を生かして「生活のうた」をつくる学習に生かせるよう，指導計画を工夫することなどが考えられます。

❷ 学校や地域の実態や，他教科等との関連を考えて作成する

楽器の整備状況，児童の音楽学習における実態は学校によって様々です。例えば，音板の取り外しが可能な木琴や鉄琴，また箏などの和楽器が整備されているのであれば，それらを活用した題材を位置付けるなど，**各学校の実態に応じた学習活動を工夫する**ことも重要です。

また，大切に継承されている祭り囃子があったり，地域で開催される音楽会が伝統行事になっていたりする地域では，演奏家に協力をいただいて学習を深めたり，地域の音楽会での発表と連動させて合唱や合奏の学習を深めたりするなど，**各地域の実態に応じた学習活動を工夫する**ことが重要です。

また，**幼稚園教育で育まれた資質・能力との関連を図ること**（低学年），**道徳教育，特別支援教育との関連を考慮した指導を行うこと**，そして，生活科を始めとする**他教科等との関連を図る**ことなどが重要です。

❸ PDCA サイクルを充実する

年間指導計画は，毎年，その都度更新していくものです。指導計画の質的な充実を図るためには，Plan（計画）－ Do（実行）－ Check（評価）－ Action（改善）のサイクルを充実し，今年度の計画の成果と課題を，次年度の計画の改善に生かしていくことが重要です。成果と課題を明確にすることは，**指導計画の充実に必要な物的・人的な体制**（例えば，タブレット機器，地域の音楽指導者とのティーム・ティーチングなど）を整え，**教育活動の質と学習の効果を向上する**ことにもつながります。これからの時代は，このような「カリキュラム・マネジメント」に努めることが求められます。

（今村 行道・津田 正之）

2章

主体的・対話的で深い学びを実現する！
題材モデル 20

1 しぜんでむりのない歌い方で歌おう

学年・活動 第3学年・歌唱 主な教材 「この山光る」
本題材で扱う学習指導要領の内容
2内容　A表現　(1)歌唱ア，イ，ウ(イ)(ウ)　〔共通事項〕(1)ア
思考・判断のよりどころとなる主な音楽を形づくっている要素：音色，旋律，拍，音楽の縦と横との関係

1 題材の目標

○「この山光る」の曲想と旋律などの音楽の構造との関わりや，曲想と歌詞の内容との関わりについて気付くとともに，呼吸及び発音の仕方に気を付け，自然で無理のない歌い方で歌う技能，互いの歌声や副次的な旋律，伴奏を聴いて，声を合わせて歌う技能を身に付ける。

○「この山光る」の音色，旋律，拍，音楽の縦と横との関係を聴き取り，それらの働きが生み出すよさや美しさ，面白さを感じ取りながら，聴き取ったことと感じ取ったこととの関わりについて考え，曲の特徴を捉えた表現を工夫し，どのように歌うかについて思いや意図をもつ。

○「この山光る」の旋律の特徴に合った自然で無理のない歌い方に興味をもち，音楽活動を楽しみながら，主体的・協働的に歌唱の学習活動に取り組む。

2 題材の特徴と学習指導要領との関連

❶ 本題材で扱う教材「この山光る」の特徴

「この山光る」（阪田寛夫作詞，ドイツ民謡）は前半8小節，後半16小節の二部形式で，後半は，前半の旋律を2倍の音価で模倣する「拡大カノン」の手法が用いられています。前半は「弾むように」，後半は「なめらかに」のように，曲想の変化を捉えて歌うと，この曲のよさが生きてきます。「ホラヒ　ホラホ」の部分は，声の響かせ方を感じ取ることに適しています。

❷「自然で無理のない歌い方で歌う」学習の位置付け

歌唱の事項ウ(イ)には，第1学年及び第2学年「自分の歌声及び発音に気を付けて歌う」，第3学年及び第4学年「呼吸及び発音の仕方に気を付けて，自然で無理のない歌い方で歌う」，第5学年及び第6学年「呼吸及び発音の仕方に気を付けて，自然で無理のない，響きのある歌い方で歌う」ことが技能として示されています。高学年において，響きのある美しい声で歌うことができるようになるために，中学年では，呼吸及び発音の仕方に気を付けて，自然で無理のない歌い方で歌うことができるよう，指導を工夫していくことが求められています。

3 主体的・対話的で深い学びの視点による題材構成のポイント

❶ 二人組，四人組などの少人数で歌う活動を設定する

　歌唱の学習において児童が自ら歌い方の技能を習得していくためには，意図的に子供同士で関わり合う活動を設定することが重要です。3年生の発達段階を考えると，ペアでの活動や，4人ほどの小グループでの活動が効果的です。ペアでは，互いのよさや課題を話し合って自然で無理のない，響きのある声を目指し高め合うようにします。そのとき，友達と一緒に歌った方がより高まったと児童が実感できることが重要です。形だけのグループ活動にならないようにしていくことが大切です。

❷ 課題設定を自分でできる児童を育てる

　高学年であれば，グループでリーダーを中心に学習を進めることを期待したいところですが，3年生の段階では，そのような高学年に成長するために，学び方の引き出しを増やしていくことを念頭に授業改善をしていくとよいでしょう。例えば，「遠くまでボールを届けるようにやわらかい声で歌えるといいね」と児童と相談しながら，学級全体のめあてを決め，それに対してアドバイスをし合います。慣れてきたら自分自身のめあてを決めて歌い，それに対するアドバイスを友達同士でし合うようにするとよいでしょう。

❸ 思考力を働かせる活動を通して技能をも育成する

　児童が，対話的な学びを通して「このように歌いたい」という思いや意図をもっても，歌唱表現の変容が見られないということはないでしょうか。そんなときこそ教師の出番です。「みんなが目指したい表現を実現する歌い方はこうだよね」と，児童の考えの実現に向けて，しっかり指導をすることが児童の学びを深め，満足感を得ることにつながります。

4 題材の評価規準

知識・技能	思考・判断・表現	主体的に学習に取り組む態度
知 「この山光る」の曲想と旋律などの音楽の構造との関わりや，曲想と歌詞の内容との関わりについて気付いている。 技 呼吸及び発音の仕方に気を付けて，自然で無理のない歌い方で歌う技能や互いの歌声や副次的な旋律，伴奏を聴いて，声を合わせて歌う技能を身に付けて歌っている。	思 「この山光る」の音色，旋律，拍，音楽の縦と横との関係を聴き取り，それらの働きが生み出すよさや美しさ，面白さを感じ取りながら，聴き取ったことと感じ取ったこととの関わりについて考え，曲の特徴を捉えた表現を工夫し，どのように歌うかについて思いや意図をもっている。	態 「この山光る」の旋律の特徴に合った自然で無理のない歌い方に興味をもち，音楽活動を楽しみながら主体的・協働的に歌唱の学習活動に取り組もうとしている。

5 指導と評価の計画（全2時間）

次	○学習内容	指導上の留意事項	評価規準
第一次（第1時）	**ねらい：拍を捉えながら，自然で無理のない声で歌う。**		
	○「この山光る」の範唱を聴き，曲の特徴を感じ取る。	・拡大楽譜や縦書きの拡大歌詞を用意し，旋律が繰り返す特徴や言葉の意味を視覚的に分かるようにする。	
	○どのような感じがしたか伝え合う。	・曲のイメージをもちやすいように，様々な山，ハイキングなどの写真を用意する。	
	○拍打ち，拍子打ち，リズム打ちをしながら聴き，前半と後半で曲の感じが違うことに気付く。	・音価の違いに気付くことができるようにする。	
	○いろいろな形態で主旋律を歌う。 ・全員　・二人組　・四人組 ・全体で二つの円　・一つの円	・「ホラヒ」「ホラホ」でロングトーンなどをし，自然で無理のない声で歌うことができるようにする。 ・友達の声を聴いてまねしたり，よいところやアドバイスなどを伝え合ったりする。	
第二次（第2時）	**ねらい：旋律に合った歌い方の工夫をし，自然で無理のないのびやかな声で合わせて歌う。**		
	○前時を想起し「この山光る」を歌う。		
	○前半と後半の感じ方の違いを考え，旋律の特徴に合わせて体を動かす。	・前半と後半の感じ方の根拠を考える。 ・児童の考えを生かして曲に感じに合った体の動きをするようにする。前半は行進，後半は大きな流れで横に揺れる，など。	知
	○考えた違いを生かして，前半と後半で歌い方を工夫して歌う。	・伝え合う前に，学習カードの楽譜に書き込んでおき，全員が考えをもつことができるようにする。	思
	○副次的な旋律を知り，主旋律と重ねて，部分二部合唱をする。	・ゆっくりていねいに繰り返し，話し声のような歌い方にならないようにする。 ・正しい音程で，自然で無理のないのびやかな歌い方で，他パートとの重なりを感じながら歌えるようにする。	技
	○学習の振り返りを行う。	・単に，がんばって歌った，ということだけではなく，どのようなことを学んだのか，に意識を向けるようにする。	態

6 本時の流れ（2／2時間）

○学習内容　・学習活動	教師の主な発問と子供の状況例	評価規準と評価方法
ねらい：旋律に合った歌い方の工夫をし，自然で無理のないのびやかな声で合わせて歌う。		
○前時を想起し「この山光る」を歌う。 ・拡大楽譜を見て顔を上げて歌う。 ○前半と後半の感じ方の違いを考え，旋律の特徴に合わせて体を動かす。 ・楽譜を見て，前半と後半の感じ方の違いの根拠を考える。 ・前半の部分について体を動かす。 ・後半の部分について体を動かす。	「遠くに声が届くように歌いましょう」 「みんなは，前の時間に前半と後半の違いに少し気付いていましたね」 ・前半は元気な感じ。後半はなめらか。 「『ホラヒ』に注目してみましょう」 ・前半は1小節の中に「ホラヒ」があるけど，後半は2小節かかってる。 ・「ホラヒヤッホー」は後半4小節もかかってるよ。 ・前半は音符が混んでる。忙しい感じだね。 「前半と後半の感じの違いを体で表してみましょう」 ・前半は元気よく，山登りしている感じだから，手を振って歩こう。 ・後半はなめらかな感じだから，ヤッホーの手を付けてゆっくりやるのはどうかな。	知 発言 ワークシート 観察
○考えた違いを生かして，前半と後半で歌い方を工夫して歌う。 ・聴き役を立てて，工夫したことが生かせているか確認しながら歌う。	「では，クラスみんなで歌い方の工夫をして歌ってみましょう」 ・音符が細かいから前半はどんどん山登りする感じ。 ・音が低い方から高い方に動いているから山登りの感じがする。 ・「どこまでも晴れて」は音が高いし長い音だから広々したところに出た感じ。	思 演奏 観察 ワークシート
○副次的な旋律を知り，主な旋律と重ねて，部分二部合唱をする。 ・副次的な旋律を歌う。 ・二つの円になり，交互に主な旋律と副次的な旋律を重ね合わせる。 ・歌いたい旋律を選び歌い合わせる。 ○学習の振り返りを行う。	「ここの下の音符，歌ってみたいですか？やってみますか？」 ・やるやる！ ・上の旋律と合わせると難しいな。 ・きれいな声で重ねられた。 「どのようなことを学んだのかを書いてください」	技 観察 態 発言 観察 ワークシート

7 授業づくりのポイント

❶ 自然で無理のない歌い方を身に付ける

　この曲は，「ホラヒ」や「ホラホ」の部分で，声が響く感覚を身に付けさせることに適しています。具体的には，高い音の「ヒ」や「ホ」をロングトーンでのばして，鼻やおでこを触ってみる活動が有効です。「やまびこのように遠くの山に届くように」などと声を掛けると，声が響きを伴ってくると思います。この時期からは，話し声と歌声の違いを指導し，話し声などは歌声とは違うということを日々の指導で取り入れていきます。高学年のような豊かな響きにはならなくても，中学年らしい，自然で明るい響きを目指すようにするとよいでしょう。

　中学年では，ペア学習や少人数での学習を効果的に取り入れるようにします。学習形態を少しずつ変化させ，繰り返し歌うことで集中力が持続し，学習効率が高まるようにします。

　ペア学習では，一人は歌い，一人はそばに立って声を聴きます。それに対して，よいところを伝えたりアドバイスをしたりするようにします。まずは「やわらかい声で歌う」などの共通のめあてで行い，徐々に一人一人のめあてをもって歌うようにするとよいでしょう。ペア学習の前に「もっと遠くを見て」「ボールを遠くに投げるように」「おでこに響かせるように」などの言葉を教師が使っておくことで，児童がそれを知識として蓄積し，ペア学習で活用していけるようにするとよいでしょう。相手の気持ちを考えて発言することなどは，日々の指導の中で伝えておきます。

　さらに，2人で向かい合い，相手に声と気持ちを届けるように歌い合います。徐々に距離を離していくと，教室中に明るい響きが満ちていきます。教師はすかさず褒めて，児童の「歌が好き」「楽しい」という前向きな気持ちを引き出すようにしましょう。

　その後，3〜4人で円，クラスを半分に分けた円，クラスで一つの円，などと様々に形態を変えて歌います。3〜4人での円では，お互いの声を注意深く聴きながら歌う活動に適しています。徐々に大きな円にしていくと，今までの学習が生き，響きがそろってきたことが分かります。ペアから小グループ，大グループへとスモールステップで聴き合う活動を積み重ねてきているので，児童の聴き役などを円の中心に置いて，よいところやアドバイスなどを伝えるようにするなど，学習が深まる手立てを取ることが重要です。

❷ **表現したい理由（知識）を引き出す**

　「この山光る」では，後半の旋律が前半の旋律を2倍の音価で模倣するという特徴があります。どのように歌ったらよいか，児童が考える学習を設定するとよいでしょう。「最初は山登りでるんるん登っている感じ」「後半はなめらかに歌いたいな」「広いところに出たみたい」などと児童は発言します。そのとき，「どうしてそう思うの？」と問い返すことが大切です。児童は，知っている知識を使って思考し，「音が短くて弾んでいるから，山登りでるんるん登っている感じがする」「音が長くなっているから，なめらかに歌いたい」「『どこまでも晴れて』の部分は高い音が続いているし，音が長いから，広いところに出た感じがした」などと答えるでしょう。

　このように，どのように歌いたいのか，その根拠を考えさせることが重要です。もっている知識を使って思考し，発言し，自分が表現したいものに近づくために技能が必要になり，さらに知識が更新されていく。「思考力，判断力，表現力等」「知識」「技能」を関連付けて育成するとは，こういうことなのではないでしょうか。

❸ **めあてを明確にし，一人一人の学びのためにワークシートを利用する**

　一人一人の児童の実態や思いを把握するためにも，ワークシートを利用します。児童の実態に合わせて内容を変える必要がありますが，各時間三つ程度のめあてに対して3段階で自己評価し，さらに文章記述のスペースがあるとよいでしょう。その際，気付いたこと，友達とアドバイスし合ったことなどを書かせると，評価の資料とすることができます。

❹ **部分二部合唱は，今後への期待を高めるために経験させる**

　3年生の段階での部分二部合唱は，経験させることに意味があります。まだ，正しい音程で歌うことが難しい場合が多いのです。発声が急に話し声になってしまわないよう，同じ歌い方で歌うようにします。主旋律の動きにつられないように，音の高低を手で表すことも有効です。「ホラヒーーー」と「ヒ」でロングトーンなどをすると，重なり合っている音の確認ができるでしょう。ただし，この題材では，音の重なりを追求するのではなく，自然で無理のない歌い方で歌うことを中心に授業を組み立てることを心がけましょう。児童の「きれいな声で歌えた」という満足感を満たし，4年生の本格的な二部合唱に向けての期待感を高めて授業を締めくくるとよいと思います。

（原山　史子）

2 曲の山をかんじとって歌おう

学年・活動 第３学年・歌唱　主な教材 「ふじ山」〈共通教材〉
本題材で扱う学習指導要領の内容

２内容　Ａ表現　(1)歌唱ア，イ，ウ(ア)(イ)〔共通事項〕(1)ア
思考・判断のよりどころとなる主な音楽を形づくっている要素：旋律，強弱，フレーズ

1 題材の目標

○「ふじ山」の曲想と音楽の構造や歌詞の内容との関わりについて気付くとともに，思いや意
図に合った表現をするために必要な技能を身に付ける。
○「ふじ山」の旋律，強弱，フレーズなどを聴き取り，それらの働きが生み出すよさや面白さ，
美しさを感じ取りながら，聴き取ったことと感じ取ったこととの関わりについて考え，曲の
特徴を捉えた表現を工夫し，どのように歌うかについて思いや意図をもつ。
○「ふじ山」の歌詞の表す情景や旋律の特徴に興味をもち，音楽活動を楽しみながら主体的・
協働的に歌唱の学習活動に取り組み，日本のうたに親しむ。

2 題材の特徴と学習指導要領との関連

❶ 本題材で扱う教材「ふじ山」の特徴

　教材「ふじ山」（巌谷小波作詞，文部省唱歌）は，もともとは読本の教材として扱われ，こ
れに旋律が付けられて，明治43年から文部省唱歌として親しまれるようになりました。昭和52
年からは，歌唱共通教材として取り上げられています。

　歌詞の表す富士山の雄大さを想像しながらのびのびと歌うことができるという特徴をもって
いて，旋律の上がり下がりが富士山の姿と重なり，曲の山を捉えやすく，表現を工夫して歌う
ことに適した教材と言えます。

❷ 「曲の山を感じ取って歌う」学習の位置付け

　「曲の山」とは，曲全体の中で気持ちが一番盛り上がる箇所です。その表現を印象的につく
ることは，豊かな表現を実現する大切なポイントです。曲全体の特徴に目を向けられるように
なってくる中学年の児童にとって，曲の山を感じ取って歌う学習は大切にしたいものです。も
っとも，曲の山の表れ方は曲によって様々です。曲想と音楽の構造や歌詞の内容との関わりか
ら，曲の山の特徴への気付きを深めていき，知識の習得を生かして，曲の特徴にふさわしい表
現を工夫していくことが求められます。

3 主体的・対話的で深い学びの視点による題材構成のポイント

❶ 体を動かす活動を取り入れ，自ら曲の特徴を捉える

　「ふじ山」の曲想を感じ取るための手がかりの一つに旋律の動きがあります。音程を手の高さで表すことを通して，旋律の動きを感覚的に捉えるようにしていきます。そのために，主旋律を階名唱したり，拡大楽譜を用いて旋律線で表したりする活動が効果的です。本教材だけでなく，新しい曲に出会ったときに，この活動を継続して行うことで，進んで旋律の動きを確認しようとする姿が見られるようになります。また，音楽の構造を捉える際にも，この活動を行うことで，主体的に学ぼうとする態度が培われていくと考えられます。

❷ 話合いが活性化するための場を工夫する

　対話的な学びが展開されるためには，場の設定が重要です。やみくもに，「ふじ山の工夫について話し合いましょう」と問いかけても，対応できる児童はごく一部です。対話的な学びを充実させるには，まず，旋律の音の動きに合わせて手を上下させて表すなどの活動を通して，全員の児童が，何らかの気付きをもてるようにします。さらに，表現の工夫の場面では，一人一人が自分で考えてから，ペアで，そして全体での話合いにもっていくことが重要です。

　また，学びの記録を大型楽譜に記しておくと，それを手がかりに話合いが深まります。

❸ 情景と結び付けながら歌うことのよさを見いだす

　歌詞の内容から情景を思い浮かべて歌う活動では，児童が今まで気付かなかった風景や思いに触れる機会となります。「ふじ山」では，富士山の日本のシンボルとしての姿をより鮮明に美しく思い浮かべることができます。歌唱の活動を通して，歌詞に込められた思いやメッセージをしっかり受け止め，伝えることの必要性に気付くことが深い学びにつながります。また，我が国で長い間歌い継がれ愛されてきた日本のうたを，これからの未来や世界に向けても伝えていこうとする態度を育てていくことも大切です。

4 題材の評価規準

知識・技能	思考・判断・表現	主体的に学習に取り組む態度
知　「ふじ山」の曲想と音楽の構造や歌詞の内容との関わりについて気付いている。 技　思いや意図に合った表現をするために必要な，ハ長調の楽譜を見て階名で歌う技能や，呼吸及び発音の仕方に気を付けて，自然で無理のない歌い方で歌う技能を身に付けて歌っている。	思　「ふじ山」の旋律，強弱，フレーズなどを聴き取り，それらの働きが生み出すよさや面白さ，美しさを感じ取りながら，聴き取ったことと感じ取ったこととの関わりについて考え，曲の特徴を捉えた表現を工夫し，どのように歌うかについて思いや意図をもっている。	態　「ふじ山」の歌詞の表す情景や旋律の特徴に興味をもち，音楽活動を楽しみながら主体的・協働的に歌唱の学習活動に取り組もうとしている。

5 指導と評価の計画（全2時間）

次	○学習内容	指導上の留意事項	評価規準
第一次（第1時）	**ねらい：「ふじ山」の曲想を感じ取り，曲想と歌詞の内容との関わりについて気付いて歌う。**		
	○範唱を聴いて，曲の雰囲気を捉える。	・歌詞の内容に関わること，曲想に関わること，発声に関わることなどに分けて，児童の気付きを板書する。	
	○曲の雰囲気を捉えながら，歌詞唱をする。	・旋律を捉えることができるように，フレーズごとに模唱して，交互唱をしたり，「ラ・マ」などで歌ったりする。	
	○歌詞を朗読し，情景を思い浮かべながら，曲想と歌詞の内容との関わりについて気付く。	・縦書きの歌詞や富士山の写真を用意し，情景を思い浮かべたり，思い浮かべた情景を共有したりする。	知
	○歌詞の内容にふさわしい歌い方で歌う。	・歌詞の内容からどのような歌い方で歌いたいかについて思いや意図を出し合うようにする。	
第二次（第2時）	**ねらい：「ふじ山」の曲想と音楽の構造との関わりに気付き，表現を工夫して歌う。**		
	○拡大楽譜を見ながら，階名唱をし，手を使って音程を確かめる。	・旋律の動きを意識して歌うことができるように，階名唱をしたり，拡大楽譜に旋律線を書き込み，視覚的に捉えたりできるようにする。	
	○第2フレーズまで，旋律の動きを確認し，どのように歌うかについて思いや意図をもつ。	・体を使って音程を確かめることで，感覚的にも旋律の上がり下がりを捉えることができるようにする。	
	○第3，4フレーズの旋律の特徴と歌い方の工夫について考え，ペアの友達と伝え合う。	・第2フレーズまでは全体で確認し，第3フレーズ以降は個人で考えられるようにする。 ・自動演奏を用いて，歌いながら試すことができるように，伴奏と旋律の演奏を繰り返し再生する。	思
	○曲の山を確認し，盛り上がりを意識しながら，フレーズや強弱を工夫して歌う。	・ペアの友達と言葉や歌で工夫について伝え合い，互いに相違点を見つけたり，よさを共感したりできるように声かけをする。 ・児童の発表を拡大楽譜に書き込み，全体化し，曲の山を見付けられるようにする。	技
	○学習の振り返りをする。	・振り返りの視点を与える。	態

6 本時の流れ（2／2時間）

○学習内容　・学習活動	教師の主な発問と子供の状況例	評価規準と評価方法
ねらい：「ふじ山」の曲想と音楽の構造との関わりに気付き，表現を工夫して歌う。		
○拡大楽譜を見ながら，階名唱をし，手を使って音程を確かめる。 ・拡大楽譜を見ながら，階名を確認する。 ・階名で歌いながら，手で音の高さを表す。	「手の高さで音の高さを表しながら階名で歌いましょう」 ・3段目はだんだん音が高くなっていくね。 ・4段目の始めは高い音で，終わりに向けてだんだん低くなっていくから，終わる感じがするね。	
○第2フレーズまでの旋律の特徴と，歌い方の工夫について考える。 ・第1フレーズと第2フレーズについて気付いたことと，旋律の特徴から，どのように歌うかについて考えたことを発表する。 ・主な意見を共有し，全員で歌って確かめる。	「1段目と2段目の旋律の動きから，気が付いたことを発表しましょう。また，どのように歌うかも考えましょう」 ・1段目は音の高さがあまり変化しないけれど，2段目は1段目よりも高い音が使われている。だから，高い音のところは盛り上げて歌うといい。 ・1段目の最後は次に続く感じがするけれど，2段目は終わる感じがする。だから，2段目の終わりはだんだん弱くしたい。	
○第3，4フレーズの旋律の特徴と歌い方の工夫について考え，ペアの友達と伝え合う。 ・一人一人が歌い方について考える。 ・ペアで言葉や歌で伝え合い，相違点を見つける。 ・全体の中でそれぞれの考えを出し合い，共有する。	「3段目と4段目をどのように歌うかについて考えて，ペアで考えたことを伝え合い，似ているところや違うところを見付けましょう」 ・3段目はだんだん音が高くなるから，強さもだんだん強くしたらいいと思う。 ・4段目の始めが一番高い音程で，長い音だから，一番強く歌いたい。	思 発言 観察 学習カード
○曲の山を確認し，盛り上がりを意識しながら，フレーズや強弱を工夫して歌う。 ・曲全体のフレーズを確認し，思いや意図が伝わるように声の出し方を工夫して歌う。 ○学習を振り返る。	「一番強く歌いたいところをみんなで確認することができましたね。曲の盛り上がりを意識して，フレーズや強弱に気を付けて歌いましょう」 ・日本一の山を堂々と表現できた。	技 演奏 観察 態 発言 観察

7 授業づくりのポイント

❶ 視覚的に捉えられるような掲示物を活用する

　「ふじ山」の歌詞の内容は，3年生の児童にとって難しい言葉があったり，実際に富士山を見たことのない児童には，想像が難しかったりします。児童が想像する富士山とこの歌詞が表している富士山とを結び付け，さらに情景を思い浮かべることができるようにするためには，壮大な裾野の広がる富士山の拡大掲示物が有効です。歌詞を読みながら，富士山の姿を確かめることを通して，作詞者の表したかった情景を読み取ることができます。

　また，拡大楽譜を用いることで，旋律の動きを視覚的に捉えることができます。学習活動の中で手の高さで音高を表す内容がありますが，楽譜を読むことに慣れていない児童にとってはとても難しい活動です。そこで，拡大楽譜に旋律線を記入することで，児童はその旋律線をなぞるようにして，音高を手の高さで表すことができるでしょう。

　学習内容を大きく掲示しておくことは，板書とともに児童の1時間の学びの足跡を残しておくことにつながります。振り返りの時間などにその掲示を見ながら自分の学びを確認することができるので，様々な学習で活用できます。

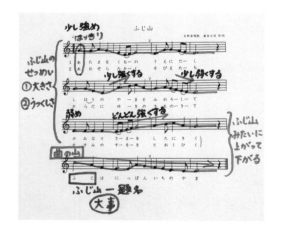 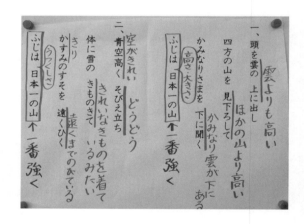

❷ 体の動きを伴いながら，音楽的な特徴を感じ取る

　中学年では，ハ長調の楽譜を見て歌う技能を育てることは重要なことです。「ふじ山」は，1オクターブ内の音で旋律が構成されており，かつ，順次進行の部分が多いため，階名唱をすることに適しています。楽譜を見て歌うということにも慣れ親しむことができるでしょう。また，手や体で音の高低を表しながら歌うことを通して，音程感覚をより確かなものにしていくことが大切です。児童は，手や体の位置が高くなると自然と歌う声も強くなる傾向があるので，体の感覚を通すことによって，旋律の動きと表現の工夫との結び付きについて実感することができるのです。

❸ 児童の気付きや音楽表現に対する考えは，音楽を通して確認する

　音楽の学習では，音楽表現をする時間や鑑賞をする時間を確保することが何より大切です。もちろん，グループ活動や全体で，話し合う時間も必要ですが，ともすると話し合いばかりで，歌う時間が十分でなかった，ということにならないようにする必要があります。

　教師は，言葉によるコミュニケーションが音や音楽によるコミュニケーションにつながるよう，例えば，児童が気付いた曲の特徴的な部分や，こう表現したいという思いや意図を，実際に歌ってみて確認する，といった働きかけがとても重要になります。

　そのために，教師は，音楽活動の時間を十分に確保できるように学習の展開を工夫しなくてはいけません。そこで，児童が発言した曲の特徴に関することや，発声に関すること，このように表現したいという児童の考えについて，全員で歌ってみて考えるという流れをつくることが大事です。そのような学習活動を繰り返すことが，児童が，表現しながら考えることの大切さに気付いたり，思いや情景に合った表現をするために必要な技能を着実に身に付けたりすることにつながります。

❹ 振り返りの時間を充実させる

　1時間の学習の中で，自分が何を学んだのか，今の課題は何なのかを振り返ることが大切です。そのために，学習カードを用いて振り返りを記入するようにします。しかし，何も投げかけず記入させると，表面的な感想に留まったり，めあての文章をそのまま引用して，「できた・できない」だけを記入することになったりすることもあります。そうならないためには，振り返りの視点を与えることが重要です。「歌っているときに，何を想像してどんな声で歌いましたか」や「強弱を工夫するときに一番意識したのはどこですか。また，なぜそうしたかも書きましょう」など，振り返りを記入する前に質問形式で声をかけるとよいでしょう。また，時間があれば，数人に発言をさせてから記入すると，どのようなことを書いたらよいか分からない児童も，記述の仕方のイメージをもち，安心して取り組むことができます。学習を振り返ることは，自分自身の成長を自覚し，自己有用感を高める効果もあります。また，学習カードを通して，発言ではなかなか自分の意見を表すことができない児童の思考の様子も見ることができ，学習評価の充実にもつながります。

（武田　聖子）

3 せんりつのとくちょうをかんじとって歌おう

学年・活動 **第3学年・歌唱**　主な教材 「とどけよう このゆめを」

本題材で扱う学習指導要領の内容

2内容　Ａ表現　(1)歌唱ア，イ，ウ(イ)〔共通事項〕(1)ア
思考・判断のよりどころとなる主な音楽を形づくっている要素：旋律，拍，フレーズ

1 題材の目標

○「とどけよう このゆめを」の曲想と音楽の構造や歌詞の内容との関わりに気付くとともに，思いや意図に合った表現をするために必要な，呼吸及び発音の仕方に気を付けて，自然で無理のない，響きのある歌い方で歌う技能を身に付ける。

○「とどけよう このゆめを」の旋律，拍，フレーズを聴き取り，それらの生み出すよさや面白さ，美しさを感じ取りながら，聴き取ったことと感じ取ったこととの関わりについて考え，曲の特徴を捉えた表現を工夫し，どのように歌うかについて思いや意図をもつ。

○「とどけよう このゆめを」の旋律の特徴などに興味をもち，音楽活動を楽しみながら主体的・協働的に歌唱の学習活動に取り組む。

2 題材の特徴と学習指導要領との関連

❶ 本題材で扱う教材「とどけよう このゆめを」の特徴

　本教材「とどけよう このゆめを」（安西薫作詞，長谷部匡俊作曲）は，前半のリズミカルな弾む感じの旋律と，後半のなめらかな感じの旋律が特徴的で，曲想の違いを捉えやすい曲です。後半の部分はリコーダーの旋律を重ねることができ，曲の特徴に合った表現で歌ったり，曲の特徴に合った音色で演奏したりすることを考えるには，適した教材と言えます。本題材では歌唱教材として扱います。

❷ 「曲の特徴を捉えた表現を工夫する」学習の位置付け

　「曲の特徴を捉えた表現を工夫」することは，第3学年及び第4学年の歌唱の事項アに位置付けられており，「歌唱表現を工夫する手がかりを曲の特徴に求めて表現をつくりだすこと」と解説されています。曲の特徴を捉えた表現を工夫するには，「このような表現で歌いたい」という思いをもつことが大切です。思いを言葉や音楽で伝え合うことや，実際に歌ってみることとを繰り返しながら，歌唱表現を工夫する楽しさを味わい，児童が工夫した表現を互いに聴き合いながら，それぞれの表現のよさを認め合う体験を積み重ねることが重要です。

3 主体的・対話的で深い学びの視点による題材構成のポイント

❶ 児童の思いを価値付ける

　児童が主体的に学習に取り組めるようにするためには，曲をどのように表現したいかという思いをもつ事が大切です。音楽活動の中で児童の思いをたくさん取り上げ，教師が価値付けしていくことで，自分の気付きが音楽的に価値のあるものだと気付き，思いをもって主体的に表現活動に取り組むようになります。

❷ 思いを共有し，実際に音楽で表現し，確かめていく

　表現したい思いをもったら，子供同士で言葉や音楽で伝え合うことができるようにし，思いを共有したり，感じ取ったことを共感したりする活動を取り入れることが重要です。そして，思いを言葉で伝えるだけでなく，「少し弱めに，語りかけるようになめらかに歌いたい」のように具体的にこう表現したいという意図をもち，実際に音楽で表現し，確かめていく活動を行うことが，対話的な学びを実現していくことにつながっていきます。

❸ 思いや意図を全体で共有する

　一人一人の思いや意図を実現するために試行錯誤し，実際に歌唱の活動で確かめた後，思いや意図を全体で共有することが大切です。「ここはいいね」「もっとこうするとよくなるよ」などと意見を出し合うことで，よりよくするためにはどうしたらいいか自ら考えることができます。このような活動が，深い学びを実現していくことになります。

4 題材の評価規準

知識・技能	思考・判断・表現	主体的に学習に取り組む態度
知 「とどけよう このゆめを」の曲想と，音楽の構造や歌詞の内容との関わりについて気付いている。 技 思いや意図に合った表現をするために必要な，呼吸及び発音の仕方に気を付けて，自然で無理のない歌い方で歌う技能を身に付けて歌っている。	思 「とどけよう このゆめを」の旋律，拍，フレーズを聴き取り，それらの生み出すよさや面白さ，美しさを感じ取りながら，聴き取ったことと感じ取ったこととの関わりについて考え，曲の特徴を捉えた表現を工夫し，どのように歌うかについて思いや意図をもっている。	態 「とどけよう このゆめを」の旋律の特徴などに興味をもち，音楽活動を楽しみながら主体的・協働的に歌唱の学習活動に取り組もうとしている。

5 指導と評価の計画（全２時間）

次	○学習内容	指導上の留意事項	評価規準
第一次（第1時）	ねらい：「とどけよう　このゆめを」の曲想と音楽の構造や歌詞の内容との関わりについて気付き，曲想を感じながら歌う。		
	○範唱を聴いて，曲の雰囲気を捉える。 ○曲の雰囲気を捉えながら，歌う。 ○曲想と旋律や拍，フレーズとの関わりについて気付く。 ○旋律の動きや特徴を考え，フレーズを感じ取りながら歌う。	・拡大楽譜を用意し，曲の雰囲気について気付いたことを記入できるようにする。 ・拍打ちをしたり，リズム打ちをしたりして旋律の違いを感じられるようにする。 ・拡大楽譜に旋律線を書き入れ，音高を感じることができるようにする。 ・フレーズを感じて歌うように声かけをする。	知
第二次（第2時）	ねらい：「とどけよう　このゆめを」の前半と後半の旋律の特徴に気付き，フレーズを工夫しながら歌う。		
	○曲の雰囲気を捉えながら，歌う。 ○前半と後半の旋律の特徴を捉える。 ○それぞれの旋律に合った歌い方を考えながら歌う。 ○旋律やフレーズの違いを感じて歌う。 ○学習を振り返る。	・前時に気付いた曲の雰囲気を思い出す。 ・拡大楽譜に，前半の旋律と後半の旋律の特徴について気付いたことを記入できるようにする。 ・それぞれの旋律の特徴に合った歌い方を考えるためにフレーズを工夫し，いろいろな歌い方を試してみる。 ・思いや意図に合った表現で歌うようにする。 ・「とどけよう　このゆめを」の学習を通して，気付いた曲のよさに関する発言を価値付けるようにする。	思 技 態

6 本時の流れ（2／2時間）

○学習内容　・学習活動	教師の主な発問と子供の状況例	評価規準と評価方法
ねらい：「とどけよう このゆめを」の前半と後半の旋律の特徴に気付き，フレーズを工夫しながら歌う。		
○曲の雰囲気を捉えながら，歌う。 ・前時に確認したことを思い出し，フレーズを感じながら歌う。 ○前半と後半の旋律の特徴を捉える。 ・前時に学習したことを思い出し，自然で無理のない声で歌う。 ・前半と後半の旋律の違いについて，感じたことを発表する。 ○本時のめあてを確認する。	「前の時間で確認したことを思い出して歌ってみましょう」 ・もう一度拍打ちをしてみよう。4分の4拍子だね。 ・リズム打ちをすると，リズムが細かくなっているところがあるよ。 ・音がだんだん上がっていって，途中から下がっていくね。	
	曲の感じに合った歌い方で歌おう	
○それぞれの旋律に合った歌い方を考える。 ・前半の旋律の特徴を捉える。 ・後半の旋律の特徴を捉える。 ・フレーズを工夫して歌う。	「アとイの旋律の特徴を考えてみましょう」 ・アのところは弾んだ感じの旋律だね。 ・イのところはなめらかな感じの旋律だね。 ・それぞれの旋律に合った歌い方で歌いたいな。 ・息つぎのタイミングを考えよう。 ・歌って確かめてみよう。	
○それぞれの旋律に合った歌い方を考えながら歌う。 ・前半の旋律の特徴を捉えて歌う。 ・後半の旋律の特徴を捉えて歌う。 ○旋律やフレーズの違いを感じて歌う。 ○学習を振り返る。	「それぞれの旋律に合った歌い方で歌ってみましょう」 ・アの旋律は，1拍1拍リズミカルに歌うといいね。 ・イの旋律は，流れるように一息で歌いたいな。 ・自分たちの考えた表現で歌えた。 ・旋律の特徴を考えて歌うことが大切だと分かった。	思 発言 演奏 観察 技 演奏 態 記述 発言 観察

歌唱…3年

7 授業づくりのポイント

❶ 児童の感じたことを全体で共有するために，拡大楽譜を活用する

　自分が楽しんで歌うことを中心にしていた低学年から，友達の声や伴奏を聴きながら声を合わせて歌う活動に意欲をもってくる中学年では，まずは声をそろえて歌うことの心地よさを体感させていくことが大切です。そのためには，自分の声だけではなく，他の友達の声も聴いて歌う活動を取り入れていきます。そして斉唱や輪唱の曲に加え，曲の一部が二部合唱になっている合唱曲，曲全体が簡単な二部合唱になっている合唱曲などを適宜活用し，互いの歌声が一つになったり，重なり合ってきれいに響き合ったりすることに気付くような指導を行い，楽しく無理なく，声を合わせて歌う学習活動を組んでいくことが大切です。

　そして，曲に出会う第1時には，曲を聴いた感想や気付いたことを全体で共有する場面を設定します。その時に「拡大楽譜」を用いることはとても有効な手立てです。「拡大楽譜」の中に「弾んだ感じのリズムが続くね」「なめらかな感じの旋律だ」というように，自分たちが気付いたこと，感じたことをまとめていき，全体で共有をしていくことは，児童が感じたこと，気付いたことが視覚化され，どのように歌いたいかという思いが共有され，これからの学習を進めていく上での大きな役割を果たします。

　また，気付いたことだけでなく，曲の構造を捉えるために旋律の違いを色分けして表したり，曲全体の構成を俯瞰的に捉えたりするときに「拡大楽譜」はとても有効な手立てになります。

❷ 旋律の特徴を感じ取る手立てを工夫する

　曲の特徴を感じ取るには，何度も曲に触れることが大切です。歌うだけではなく，拍打ちして拍子を感じたり，リズム打ちをして曲の感じをつかんだり，階名唱をして音高をつかんだりするなど，いろいろな角度から曲に触れることで旋律の特徴をより感じることができます。また，本教材は音の上がり下がりをより感じることができる曲です。音の高さに合わせて手を上下に動かしながら歌ってみたり，拡大楽譜の中に旋律線を書き込んだりして，児童が音高を感じ取ることができるような手立てを取っていくことが効果的です。

　ワークシートに旋律を載せておき，各自で旋律線を書いていくこともできます。このような学習を通して，大きく音程が変化する部分などに気を付けて歌うことに，自然と気付くことができるとよいと思います。

❸ 指導すべき音楽を形づくっている要素を絞る

　音楽的な見方・考え方を働かせた学習活動を進めるためには，教師が育成したい資質・能力を明確にすることが大切です。そのためにポイントになるのが思考・判断のよりどころとなる「音楽を形づくっている要素」の設定です。教材を学ぶ過程において，児童は様々な音楽を形づくっている要素に着目しますが，それら全てを児童に指導するということではなく，教師自身が主に指導すべき音楽を形づくっている要素を絞ることで，児童に身に付けさせたい資質・能力を明確にすることができます。それが，児童の思考・判断のよりどころとなっていくのです。

　本教材は，前半と後半の旋律の違いに特徴があります。旋律の特徴を感じ取るために，どのような手立てが必要か，拍やフレーズを捉えるためにはどのような学習活動が必要かについて，育てたい児童の姿をイメージしながら，資質・能力を明確にした授業を目指していくことが大切です。

❹ より発展的な取組として，リコーダーの旋律を重ねる

　本教材の後半部分では，リコーダーの旋律を重ねることができるようになっています。発展的な学習として，歌に合わせてリコーダーを演奏し，歌と楽器が重なり合う響きを感じ取る学習活動を展開することもできます。

　リコーダーを導入する時期は，各学校によって違うとは思いますが，本教材のリコーダーの旋律はソ・ラ・シの3音で構成されており，反復する特徴をもっているので，3年生にも演奏しやすい旋律といえます。指導計画上で工夫しながら，児童がある程度リコーダーの演奏に親しんだ段階で本教材を学習する計画を立てるとよいと思います。

　授業では，後半の歌の旋律の特徴を確認し，リコーダーの旋律も歌の旋律と同じようになめらかに演奏するためには，何に気を付けたらよいか考えることにより，歌声にあった演奏方法を児童が見いだしていくことができます。このような活動を通して，歌声とリコーダーを重ねた演奏を聴き，歌声だけのときとどう違うのかなどを考えることで，重なり合う響きのよさや面白さ，美しさを感じ取ることができるようになります。

　授業展開によっては，少人数で歌とリコーダーを重ねて演奏する活動を設定することもできます。グループごとに曲想の違いや響きを感じ取りながら演奏を工夫したり，グループの工夫ができているかどうかの視点で聴き合いをしたりする活動を取り入れることは，児童が音楽的な見方・考え方を働かせ，どのように表現するか思いや意図をもって学ぶ授業の実現につながります。

（太田　理絵）

4 曲のとくちょうを生かして歌おう

学年・活動 **第4学年・歌唱** 主な教材 **「まきばの朝」**〈共通教材〉

本題材で扱う学習指導要領の内容

2内容　A表現　(1)歌唱ア，イ，ウ(イ)〔共通事項〕(1)ア

思考・判断のよりどころとなる主な音楽を形づくっている要素：旋律，強弱，フレーズ

1 題材の目標

○「まきばの朝」の曲想と音楽の構造や歌詞の内容との関わりについて気付くとともに，思いや意図に合った表現をするために必要な，呼吸及び発音の仕方に気を付けて，自然で無理のない歌い方で歌う技能を身に付ける。

○「まきばの朝」の旋律，強弱，フレーズを聴き取り，それらの働きが生み出すよさや面白さ，美しさを感じ取りながら，聴き取ったことと感じ取ったこととの関わりについて考え，曲想を感じ取って表現を工夫し，どのように歌うかについて思いや意図をもつ。

○「まきばの朝」の曲の特徴を捉えて表現する学習に興味をもち，音楽活動を楽しみながら主体的・協働的に歌唱の学習活動に取り組む。

2 題材の特徴と学習指導要領との関連

❶ 本題材で扱う教材「まきばの朝」の特徴

　「まきばの朝」は，福島県岩瀬牧場がモデルとなった文部省唱歌で，船橋栄吉が作曲しています。ハ長調で4分の4拍子であり，a–b–c–d–*Coda*（コーダ）の形式で，abcはいずれも終止していないという特徴をもっています。

　特に，*Coda* の部分が特徴的で，「まきばの朝」の歌詞の情景に合わせて旋律が付けられています。どのように歌唱表現するかについて考えながら学習できる教材と言えます。

❷「曲の特徴を捉えた表現の工夫」における学習の位置付け

　歌唱の事項アの「曲の特徴を捉えた表現を工夫する」学習は，第1学年及び第2学年の「曲想を感じ取って表現を工夫する」学習からの発展として位置付けられています。「曲の特徴を捉えた」とは，歌唱表現を工夫する手がかりを，曲の特徴から捉えて表現をつくりだしていくことです。思いや意図を言葉や音楽で伝え合う活動や，実際に歌ってみる活動を繰り返しながら表現を工夫し，どのように歌うかについて思い意図をもてるようにしていくことが大切です。

3 主体的・対話的で深い学びの視点による題材構成のポイント

❶ 「まきば」の情景を共有するための視覚教材を活用する

　様々な環境の下で生活している児童は，「牧場」という場所が身近な場所ではないという場合もあるでしょう。そのため，一部の児童が見たり聞いたり体験したりした経験から，学級でイメージを広げるために，視覚教材を有効に使うことが大切です。その際，宿泊体験学習などで共通の経験のある場所の画像を提示したり，児童のイメージに合った画像や動画を取り入れたりするなど，児童の実態に応じた教材を準備することが必要です。そのような視覚教材を効果的に活用することによって，児童が曲を聴いて想像する場面を共有化し，その後の主体的な歌唱表現につなげていくことができます。

❷ 歌唱の活動を通して気付いたことや感じ取ったことを確かめ合う

　曲の場面を想像するために，どのような音が聴こえてくるか，どのくらいの距離から聴こえてくるかを共有すると，全体で表現を工夫するときの手がかりになります。歌うときに，歌い手と聴き手の距離を変え，児童が実際の距離感を体験することで，どのくらいの強さで歌えば表現できるかという思いをもちやすくなります。また，隣同士で歌ったり聴いたりする活動を取り入れることで，互いの声をよく聴き合い，発声やフレーズ，ブレスの取り方など，具体的な気付きをもつことになり，これが対話的な学びにつながります。

❸ 次の学びへとつながる振り返りを行う

　1時間のめあてを振り返ることは，児童一人一人がこの時間に何を考え，表現し，身に付けたかを見つめ直す時間となります。効果的に振り返りの時間を取ることは，次時や次の題材への学びへとつながります。その際，めあてを再確認し，何を振り返るのかを絞って発問することが，児童の思考の流れをつくり，これが深い学びとなっていきます。

4 題材の評価規準

知識・技能	思考・判断・表現	主体的に学習に取り組む態度
知 「まきばの朝」の曲想と音楽の構造や歌詞の内容との関わりについて気付いている。 技 思いや意図に合った表現をするために必要な，呼吸及び発音の仕方に気を付けて，自然で無理のない歌い方で歌う技能を身に付けて歌っている。	思 「まきばの朝」の旋律，強弱，フレーズを聴き取り，それらの働きが生み出すよさや面白さ，美しさを感じ取りながら，聴き取ったことと感じ取ったこととの関わりについて考え，曲想を感じ取って表現を工夫し，どのように歌うかについて思いや意図をもっている。	態 「まきばの朝」の曲の特徴を捉えて表現する学習に興味をもち，音楽活動を楽しみながら主体的・協働的に歌唱の学習活動に取り組もうとしている。

5 指導と評価の計画（全2時間）

次	○学習内容	指導上の留意事項	評価規準
第一次（第1時）	**ねらい：「まきばの朝」の歌詞の表す情景を想像して歌う。**		
	○「まきば」から想像を広げ、これから学習する曲に関心をもつ。	・「まきば」で想像する事柄や場面などを取り上げ、全体で共有する。 ・牧場の写真を提示し、イメージをもちやすくする。	
	○範唱を聴いて、曲の雰囲気を捉える。 ○本時のめあてを捉える。	・全体化した「まきば」の場面と照らし合わせて聴くことができるように助言する。 ・歌詞を読み、情景を共有化する。	知
	○音程や旋律の流れに気を付けて歌詞唱をする。 ○「まきば」の情景と曲の雰囲気を照らし合わせ、曲に合った表現方法を工夫する。 ○振り返りを行い、次時のめあてを確認する。	・音が跳躍している部分や、付点音符のリズム、4拍目の入り方に気を付ける。 ・「まきば」の情景を表現するために、情景に合った表現方法を工夫する。 ・情景に合った表現の工夫をしていくことを共有化する。	
（第2時）	**ねらい：旋律の特徴や歌詞の情景を捉え、曲想に合った表現を工夫する。**		
	○歌詞唱をして前時を想起する。	・前時に共有した「まきば」の情景を想像できるよう、牧場の写真や児童の発言を提示する。	
	○曲に合った表現方法を確認し、本時のめあてを捉える。 ○歌詞や旋律からフレーズのまとまりを生かして歌う。	・前時に児童から出た意見を提示し、本時のめあてを確認する。 ・旋律や歌詞からフレーズを確認する。 ・「ラ」で歌い、フレーズを意識できるよう助言する。	
	○歌詞の表す情景を想像し、旋律が自然に盛り上がる部分を考え、強弱を付けて歌う。	・旋律が自然に盛り上がる部分に気付くように、言葉と旋律の音の動きとの関係に注目させたり、その旋律を歌ったりしながら、強弱を捉えさせるようにする。	思 技
	○1番から3番まで、それぞれの情景に合わせて表現を工夫し、自然でのびやかな声で歌う。 ○学習を振り返る。	・歌詞の表す情景の変化を捉え、明け方から日が昇る様子の情景に合った表現を工夫して歌えるようにする。 ・「まきばの朝」の歌唱の学習で身に付けたことを振り返り、次の学習に生かせそうなことを考えられるように助言する。	態

6 本時の流れ（2／2時間）

○学習内容　・学習活動	教師の主な発問と子供の状況例	評価規準と評価方法
ねらい：旋律の特徴や歌詞の情景を捉え，曲想に合った表現を工夫する。		
○歌詞唱をして前時を想起する。 ・前時に確認したことを思い出し，情景を想像して歌う。 ○曲に合った表現方法を確認し，本時のめあてを捉える。 ・曲の雰囲気に合わせて，フレーズを捉えたり，強弱を付けたりすることを確認する。	「前の時間に確認した『まきば』の朝の場面を思い浮かべて歌いましょう」 ・「まきば」の朝の風景を歌った歌だったね。 ・1番から3番にかけて，だんだん時間が経過したことが分かったね。 ・3番に向けてだんだん明るくなるね。	
○歌詞や旋律からフレーズのまとまりを生かして歌う。 ・歌詞を音読して，文のまとまりを捉える。 ・旋律を「ラ」で歌い，フレーズのまとまりを捉える。 ・歌詞と旋律が一致していることを確認し，歌詞唱をする。	「『ラ』で歌って，フレーズのまとまりを見付けましょう」 ・歌詞は，5文字，7文字のまとまりになっているね。 ・自然にこの部分でブレスをしたから，ここまでがまとまりだと感じました。 ・歌詞を読んでみたら，文のまとまりとフレーズは一緒だったよ。	
○歌詞の表す情景を想像し，旋律が自然に盛り上がる部分を考え，強弱を付けて歌う。 ・旋律の動きを感じ取り，強く歌いたい部分や弱く歌いたい部分を捉える。 ・1番から3番の朝の情景の変化に合わせて強弱の工夫をして歌う。	「この歌の中で，盛り上げて歌いたい部分はどこですか」 ・8分音符がつながる部分を強調して歌いたいな。 ・「鐘が鳴る鳴る」と反復している部分は，だんだん強く歌いたいです。 ・初めは朝が明けている感じだから，弱く歌いたいです。	思 発言 演奏 観察 ワークシート
○1番から3番まで，それぞれの情景に合わせて表現を工夫し，自然でのびやかな声で歌う。 ・朝の情景の変化を感じ取るために，歌う場所を変えて歌い合う。	「1番から3番の朝の様子の変化をどのように歌で表現したいですか」 ・だんだん，朝が明けて人や動物が動く感じなので，だんだん強く明るく歌いたいです。 ・3番は音楽室と校庭くらいの距離感があります。	技 発言 演奏
○学習を振り返る。 ・この学習を通して考えたことや身に付けたこと，次回に生かしたいことを振り返る。	「この学習を通して身に付けたことは何でしょう」	態 発言 観察 ワークシート

7 授業づくりのポイント

❶ 情景を共有するための視覚教材の工夫

　曲の特徴の理解を共有化するために，視覚教材は有効です。子供同士で，言葉だけでは伝えにくいニュアンスを共有したり，想像したりすることができます。その視覚教材を基に曲を聴いて確認したり，曲を聴いたり歌ったりした後に，画像で確認することで，歌唱表現の工夫をする際に，児童が同じ条件下で，思考することができるのです。

❷ 歌い方を共有化するための
　教材の工夫

　児童が主体的に歌唱の活動に取り組むためには，一人一人がどのように歌うかについて思いや意図をもつことが大切です。児童一人一人の思いを取り上げて共有化するためのツールとして，「拡大楽譜」を使用することが挙げられます。児童の気付きを楽譜に書き込み全体化したり，全体化した表現方法を一人一人の表現に戻していったりすることができます。また，前時に歌った表現を，次時の導入で確認し，次の活動へつなげることもできます。前述したように，中学年の児童には，思いや意図を共有し，言葉や音楽で伝え合うことが大切です。実際に歌ったり伝え合ったりすることを繰り返しながら，曲の特徴を捉えた表現を工夫することを促していく必要があります。

　また，音源や伴奏の選択も大切です。教師は，何を聴いて歌うことが，児童の思考の流れに合っているかを把握する必要があります。フレーズを意識させる旋律を演奏してみたり，強弱を付けた伴奏にして歌ってみたりすることが，児童の活動や思考の流れをスムーズにすることになります。児童が工夫した表現を聴き合いながら，その表現のよさを認め合う体験を積み上げていくことも，思いや意図をもって表現することの重要性につながります。

❸ 感じ取ったことを確かめ合う学習形態の工夫

　全体で曲想を捉えるために，様々な学習形態を設定することができます。学級を小グループに分けて互いに聴き合う活動や，ペアをつくり互いに表現し合う活動，また，聴き手と歌い手に分けて，聴き手が助言をする活動など，様々な形態が考えられます。「まきばの朝」のように，朝に鳴っている楽器の音の距離感を感じ取るためには，実際に遠くから呼びかけたり歌ったりする活動を取り入れると，一人一人の思いを感じ取りやすくなります。このような学習形態を工夫することが，一人の児童が感じた強弱や音色などを，学級全体で共有化し，豊かな歌唱表現につなげることができるのです。

❹ 次の学びへとつながる振り返り

　1時間の学習を振り返る活動は，次の学びへとつながる重要な活動の一つです。本時の課題を確認するとともに，その課題を振り返ることで，児童の新たな探求心へとつながるのです。また，その活動で考えたことや身に付けたことを振り返ることは一人一人が学びの充実感をも

つことにつながります。そのためには，1時間ごとの課題をしっかり示すとともに，振り返り時間の確保をする必要があります。

　一人一人の振り返りを，グループや全体で共有することも，次時への学習につながります。友達がどのようなことを思考し表現したかを共有することは，個々で振り返りを行う際の手がかりになります。そのため，教師がどのような振り返りを取り上げ，価値付けしていくかということが大切になります。児童が歌唱表現を楽しみ，次への活動に期待をもてるような授業の終わり方を意識していきたいです。

（上石　千鶴）

5 曲のとくちょうをとらえて歌おう

学年・活動 **第４学年・歌唱**　主な教材 **「とんび」**〈共通教材〉

本題材で扱う学習指導要領の内容

２内容　Ａ表現　⑴歌唱ア，イ，ウ㋐㋑　〔共通事項〕⑴ア

思考・判断のよりどころとなる主な音楽を形づくっている要素：旋律，強弱，フレーズ，呼びかけとこたえ

1 題材の目標

○「とんび」の曲想と音楽の構造や歌詞の内容との関わりについて気付くとともに，思いや意図にあった表現をするために必要な，自然で無理のない歌い方で歌う技能を身に付ける。

○「とんび」の旋律，強弱，フレーズ，呼びかけとこたえを聴き取り，それらの働きが生み出すよさや面白さ，美しさを感じ取りながら，聴き取ったことと感じ取ったこととの関わりについて考え，曲の特徴を捉えた表現を工夫し，どのように歌うかについて思いや意図をもつ。

○旋律の動きに着目して歌う学習に興味をもち，音楽活動を楽しみながら主体的・協働的に歌唱の学習活動に取り組む。

2 題材の特徴と学習指導要領との関連

❶ 本題材で扱う教材「とんび」の特徴

　教材「とんび」（葛原しげる作詞，梁田貞作曲）は，大正８年「大正少年唱歌（一）」で発表された童謡です。その後，昭和52年の学習指導要領改訂で４年生の歌唱共通教材となりました。

　とんびの様子が具体的に表されていたり，鳴き声が歌詞に使われていたりして，情景を思い浮かべやすい教材となっています。また，１段目と２段目の反復や３段目の鳴き声を表す旋律の反復の部分は，児童が捉えやすい構成になっています。

　強弱表現を工夫する活動においては，旋律の音の動きに着目したり，鳴き声を表している部分のとんびの様子を想像したりすることで，強弱の変化の工夫も考えることができます。

❷「曲の特徴を捉えて歌う」学習の位置付け

　中学生の歌唱の事項アには，「歌唱表現についての知識や技能を得たり生かしたりしながら，曲の特徴を捉えた表現を工夫し，どのように歌うかについて思いや意図をもつこと」と示されています。曲の特徴の学習と関わらせることで，表現を工夫し，思いや意図をもって歌う学習が充実するからです。

　「とんび」は，旋律の動きに特徴があります。教師は，児童が，曲の雰囲気や表情と，旋律を中心とした音楽的な特徴との関わりに気付けるよう，指導を工夫することが大切です。

3 主体的・対話的で深い学びの視点による題材構成のポイント

❶ 見通しをもって学習に取り組むことができるように課題を明確にする

　児童が学習に対して受け身ではなく，進んで活動に取り組んだり，思考を働かせたりするためには，題材や本時の学習の見通しをもてるようにすることが大切です。学習活動の始めに，めあてや課題を確認することはもちろんですが，拡大楽譜で学習内容を提示すると，「今どの部分を考えているのか，次はもしかしたらこうなるのではないか」と自分なりに内容の見通しをもつことができます。また，書き込み式のボードや実物投影機を使うと，自分から活動を進めたり，発表したりすることができ，主体的に学ぼうとする態度につながっていきます。

❷ 気付いたこと，感じ取ったことや，表現の工夫についての考えを，共有する場を設定する

　歌唱の活動において，対話的な学びが展開されるためには，一人一人が，曲の特徴に気付くことや，曲の表現に対する思いや意図をもつことが大切であるのは言うまでもありません。一方，歌唱の学習は，協働的な学びを通して，皆で音楽表現を高めていくことに意味があります。そのためには，一人一人の音楽の特徴への気付きや，表現に対する思いや意図について，ペアで，グループで，そして学級全体で交流しながら共有し，自分と他者との関わりの中から，学習を深めていくようにすることが重要です。

❸ 表現の工夫の多様性に気付くことができるように価値付けをする

　歌唱教材の中には，「とんび」のように，想像する情景によって表現の仕方が変わる曲があります。このような教材の学習は，一人一人の児童が自分なりの思いや意図をもつよい機会となります。それぞれの思いや意図によって表現の仕方が違ってきますが，その違いや互いの考えのよさを知ることが，深い学びとなっていきます。

4 題材の評価規準

知識・技能	思考・判断・表現	主体的に学習に取り組む態度
知 「とんび」の曲想と音楽の構造や歌詞の内容との関わりについて気付いている。 技 思いや意図にあった表現をするために必要な，呼吸及び発音の仕方に気を付けて，自然で無理のない歌い方で歌う技能を身に付けて歌っている。	思 「とんび」の旋律，強弱，フレーズ，呼びかけとこたえを聴き取り，それらの働きが生み出すよさや面白さ，美しさを感じ取りながら，聴き取ったことと感じ取ったこととの関わりについて考え，曲の特徴を捉えた表現を工夫し，どのように歌うかについて思いや意図をもっている。	態 旋律の動きに着目して歌う学習に興味をもち，音楽活動を楽しみながら，主体的・協働的に歌唱の学習活動に取り組もうとしている。

5 指導と評価の計画（全2時間）

次	○学習内容	指導上の留意事項	評価規準
	ねらい：「とんび」の曲想と音楽の構造や歌詞の内容との関わりに気付き，表現を工夫して歌う。		
第一次（第1時）	○範唱を聴いて，曲の雰囲気を捉える。 ○曲の雰囲気を捉えながら，歌詞唱をする。 ○旋律の音の動きを確認しながら歌い，旋律の特徴に気付く。 ○1段目，2段目，4段目の強弱を工夫して歌う。	・歌詞の内容，曲想に関わること，発声に関わることなどに分けて，児童の気付きを板書する。 ・旋律を捉えることができるように，フレーズごとに模唱して，交互唱をしたり，「ラ・マ」などで歌ったりする。 ・旋律の動きを意識して歌うことができるように，階名唱をしたり，拡大楽譜に旋律線を書き込み，視覚的に捉えたりできるようにする。 ・1段ずつ旋律の動きに着目しながら歌ってみて，強弱の変化を考える。	知
（第2時）	○歌詞唱をし，前時の学習を振り返る。 ○3段目の呼びかけとこたえの旋律をどのように歌うかについて思いや意図をもつ。 ○3，4人のグループになり，互いの強弱の工夫について歌って確認をする。 ○それぞれの強弱の工夫を全員で歌ってみて，表現の工夫のよさを感じ取る。	・前時の拡大楽譜を用意し，強弱の工夫をしながら歌ったことを思い出せるようにする。 ・3段目の旋律が呼びかけとこたえになっていることを確認し，どんな様子でとんびが鳴いているのか，その様子を表すためにどんな強弱で歌ったらよいかを個人で考えられるように，学習カードに記入する。 ・自動演奏を用いて，歌いながら試すことができるように，伴奏と旋律の演奏を繰り返し再生する。 ・グループの友達と言葉や歌で工夫について伝え合い，互いに相違点を見付けたり，よさを共感したりできるように声かけをする。 ・児童から出た強弱の工夫を拡大楽譜に書き込み，全体化する。	思 技 態

6 本時の流れ（2／2時間）

○学習内容　・学習活動	教師の主な発問と子供の状況例	評価規準と評価方法
ねらい：「とんび」の曲想と音楽の構造や歌詞の内容との関わりに気付き，表現を工夫して歌う。		
○歌詞唱をし，前時の学習を振り返る。 ・拡大楽譜を見ながら，旋律の動きを確認したり強弱を工夫したりして歌う。	「前の時間に学習した１，２，４段目の強弱の工夫が伝わるように歌いましょう。それぞれの旋律にはどんな特徴がありましたか」 ・１段目と２段目と４段目はとても似ている旋律だね。 ・１段目の終わりは続く感じで，２段目と４段目は終わる感じだね。 ・真ん中に向かってだんだん音が高くなっていくから強く歌いたいね。	
○３段目の呼びかけとこたえの旋律をどのように歌うかについて思いや意図をもつ。 ・３段目の旋律の特徴について気付いたことを発表する。	「３段目の旋律の動きはどのような特徴がありますか」 ・全部同じリズムです。 ・３段目の１，２小節目を３，４小節目が繰り返しています。 ・１小節目と２小節目は，呼びかけとこたえになっています。	思 発言 観察 学習カード
・旋律の特徴とそれらが表しているとんびの様子を結び付け，強弱の工夫について歌って確かめながら，学習カードに記入する。	「どのようなとんびの様子を想像しますか。また，強弱の工夫も考えましょう」 ・２羽のとんびが呼びかけ合っているように f, p, f, p で歌いたい。 ・とんびが輪を描きながら近づいて，また遠ざかっていくように，前半を mf，後半を mp で歌いたい。	
○３，４人のグループになり，互いの強弱の工夫について歌って確認をする。 ・グループの友達と一人ずつ歌い，聴き合う。 ・互いに言葉や歌で伝え合い相違点を見付ける。	「グループの友達に自分が考えた強弱を歌って伝え，似ているところや違うところを見付けましょう」 ・思い浮かべたとんびの様子が違うと，強弱の工夫が全然違うものになるね。 ・同じ強めに歌うところでも，mf と f では印象が違うね。	技 演奏 観察
○それぞれの強弱の工夫を全員で歌ってみて，表現の工夫のよさを感じ取る。	「それぞれの強弱の工夫に気を付けて歌いましょう」	態 発言，観察

7 授業づくりのポイント

❶ 思いや意図を視覚的に捉えるためのツールを活用する

児童の思いや意図を引き出したり，共有したりするためには，それを見える化することが効果的です。例えば，「とんび」の拡大楽譜を用いることで，旋律の動きを視覚的に捉えることができます。旋律線を見ながら歌ったり，友達が歌うのを聴いたりすることで，声で表された変化と旋律線の動きの関係を結び付けて考えることができます。

拡大楽譜は全体での共有でも使えますが，グループでの活動でも用いることができます。今回は，「まなボード」という教具を使い，グループの友達に自分の考えた強弱の工夫を拡大楽譜に書き込んでから聴いてもらう流れにしました。ホワイトボードのように書いたり消したりできるため，拡大楽譜をグループ数だけ用意すればよいので，様々な場面で活用できます。

また，児童の学習カードの内容を実物投影機を用いて，全体で共有することも効果的です。児童がどのような思いや意図をもって強弱を考えたのかを言葉だけでなく，視覚的に捉えることができるからです。

様々なツールを適宜活用して，児童が思いや意図をもったり，共有したりできるような教材・教具を工夫することが大切です。

❷ 言語活動と音楽活動とを適切に関連付ける

表現の工夫を考える学習では，ともすれば，話合いはしたものの，そのことが必ずしも音楽表現の充実につながらない，という授業になることがあります。体育の学習では運動時間を保障するように，歌唱の学習では歌ったり聴いたりする時間をしっかりと保障することが重要です。

学習指導要領には，「音や音楽及び言葉によるコミュニケーションを図り，音楽科の特質に応じた言語活動を適切に位置付けられるよう指導を工夫すること」が示されています。このような学習を充実するために大切なことは，「とんび」の音楽的な特徴，このように歌ったらどうかという思いや意図などを，言葉で交流するだけでなく，実際に音楽表現したり，その表現を聴いたりして，学習を深めていくようにすることです。その際，教師は，児童の学習の深まりにつながるよう，対照的な表現を試したり，自分たちが表現したい思いや意図が，音楽表現として実現できているかどうかについて確かめたりするなど，適切に児童に働きかけることが大切です。

❸ 個の学びを保障するだけでなく，グループや全体での共有も大切にする

　どのように歌うかについて思いや意図をもって取り組むことは重要です。そのためには，自分の思いや意図をもつことのできる場面を意図的に設定する必要があります。一斉指導の中では，発言する児童は限られています。児童の中には，思いや意図をもつことが難しく，活動にだけ参加しているという状況もあるかもしれません。そこで，個で考える時間を設定し，自分の思いや意図をもつ時間を保障するようにします。今回は学習カードを用いて，３段目の強弱について文章や強弱記号を使って，自分の考えや工夫したことを書き込むスペースをつくりました。児童が書き込んだ内容を教師が見取り，適宜アドバイスしながら，どのように歌いたいのかという思いや，そのためにどのように歌うのかという意図を引き出していくことが大切です。学習内容の全てにおいて一人一人の思いや意図を見取ることは難しいですが，それぞれの題材の中で，ここは思考の場面だというところをあらかじめ決めておき，そこには思い切って時間をとるとよいでしょう。

　一人一人が思いや意図をもつことで，ペアやグループでの活動も活性化します。「ここは，このように歌いたいんだけど，どうかな」「もっとフレーズを大切にした歌い方で歌ってみよう」など，互いの考えの相違点を見付けることで学びが広がったり，深まったりします。また，自分の考えを受け入れてもらったり，認めてもらったりすることでの自己有用感の高まりも期待できます。教師が意図的にこのような学習の場を設定することは大切なことです。

❹ 自らの工夫を言葉で振り返る

　１時間の学習の中で，自分が何を学んだのか，どのような歌い方の工夫をしたのかを振り返り，言葉で表すことが大切です。そのために，学習カードを用いて振り返りを記入するようにします。その際，教師が振り返りの視点を与えることが重要です。ただ「振り返りを書いてください」というのではなく，「歌っているときに，どのように歌いたいと思って歌いましたか」，「どのフレーズを大切にして歌いましたか。それはなぜかも書きましょう」など，振り返りを記入する前に声をかけるとよいです。また，数人に発言をさせてから記入すると，どのようなことを書いたらよいか分からない児童も安心して記入することができます。

　そして，自らの歌い方の工夫を，音楽を形づくっている要素を使って表すように促すことも大切です。思考・判断のよりどころとなる主な音楽を形づくっている要素が振り返りの言葉に生かされていくことで，評価の資料とすることができます。

（武田　聖子）

6 せんりつのとくちょうを生かして えんそうしよう

| 学年・活動 | 第3学年・器楽 | 主な教材 「あの雲のように」 |

本題材で扱う学習指導要領の内容

２内容　Ａ表現　(2)器楽ア，イ(イ)，ウ(イ)　〔共通事項〕(1)ア
思考・判断のよりどころとなる主な音楽を形づくっている要素：旋律，音の重なり，拍，フレーズ

1 題材の目標

○楽器の音色や響きと演奏の仕方との関わりに気付くとともに，思いや意図に合った表現をするために必要な，音色や響きに気を付けて，リコーダーを演奏する技能を身に付ける。

○「あの雲のように」の旋律，音の重なり，拍，フレーズを聴き取り，それらの働きが生み出すよさや面白さ，美しさを感じ取りながら，聴き取ったことと感じ取ったこととの関わりについて考え，曲の特徴を捉えた表現を工夫し，どのように演奏するかについて思いや意図をもつ。

○「あの雲のように」の旋律の特徴に興味をもち，音楽活動を楽しみながら主体的・協働的に器楽の学習活動に取り組み，合奏に親しむ。

2 題材の特徴と学習指導要領との関連

❶ 本題材で扱う教材「あの雲のように」の特徴

　「あの雲のように」（芙龍明子作詞）は，ドイツ歌曲を原曲とする曲で，旋律は，18世紀後半に既に存在していた別の２曲を組み合わせたものであるとされていますが，詳細は不明です。４分の３拍子のゆったりとした旋律が特徴で，本題材において，音の上がり下がりやフレーズを感じながら，どのように演奏するかについて思いや意図をもつことに適した教材といえます。

❷「音色や響きに気を付けて」演奏する学習の位置付け

　器楽の事項ウ(イ)の「音色に気を付けて」演奏する学習は，第１学年及び第２学年から位置付けられ，第３学年及び第４学年では，「音色や響きに気を付けて，旋律楽器及び打楽器を演奏する技能」として示されています。この学習では，演奏の仕方を工夫することによって，楽器の音色や響きが変わることに気付くようにする学習と関連を図りながら，楽器がもつ固有の音色やその響きの特性を生かした楽器の演奏の仕方を習得できるようにすることが重要です。

3 主体的・対話的で深い学びの視点による題材構成のポイント

❶ 教師による範奏を聴き，演奏への思いを高める

　児童が思いや意図をもって演奏に取り組むためには，「この曲，素敵だな」「演奏できるようになりたいな」という願いをもてるような曲との出会いが大切です。例えば，専科教諭と担任による二重奏などを聴かせることなどが考えられます。旋律の特徴に合った演奏の仕方を共有し，思いを込めて演奏する姿は，児童の演奏への意欲を引き出します。

❷ 様々な演奏形態から児童自身が選択して演奏に取り組めるようにする

　フレーズを感じながら音を聴き合い，音色や響きに気を付けて演奏する技能を身に付けるためには，少人数による演奏を互いに聴き合う場面を取り入れることが効果的です。リコーダーに出会ったばかりの児童にとっては，演奏が難しく，苦手意識を感じることもあるでしょう。そこで，2人，4人，6人など，グループの構成を様々にしたり，フレーズごとに交互奏したりなど，演奏形態を児童が自ら選んで取り組むようにする工夫が考えられます。そうすることで，どの児童も安心して活動に取り組み，演奏する楽しさを見いだすことができます。

❸ 互いに聴き合い，演奏をより高め合う場面を設定する

　音を合わせて演奏することができるようになってきたところで，ペアのグループと演奏を聴き合う場面を取り入れます。互いの演奏を客観的に聴き合い，アドバイスをし合うことを通して，拍やフレーズといった音楽を形づくっている要素とその働きの視点で演奏を聴いたり，聴いて感じ取ったことを自分たちの演奏に生かしたりして学びを深めていきます。

4 題材の評価規準

知識・技能	思考・判断・表現	主体的に学習に取り組む態度
知 楽器の音色や響きと演奏の仕方との関わりについて気付いている。 技 思いや意図に合った表現をするために必要な，音色や響きに気を付けてリコーダーを演奏する技能を身に付けて演奏している。	思 「あの雲のように」の旋律，音の重なり，拍，フレーズを聴き取り，それらの働きが生み出すよさや面白さ，美しさを感じ取りながら，聴き取ったことと感じ取ったこととの関わりについて考え，曲の特徴を捉えた表現を工夫し，どのように演奏するかについて思いや意図をもっている。	態 「あの雲のように」の旋律の特徴に興味をもち，音楽活動を楽しみながら主体的・協働的に器楽の学習活動に取り組もうとしている。

5 指導と評価の計画（全3時間）

次	○学習内容	指導上の留意事項	評価規準
第一次（第1時）	ねらい：「あの雲のように」の曲想と旋律，拍，フレーズとの関わりについて気付く。		
	○範奏を聴き，曲の雰囲気を捉え，気付いたことや感じ取ったことを共有する。 ○曲の雰囲気を感じながら，主旋律を歌う。 ○拍やフレーズを感じながら，主旋律をリコーダーで演奏する。	・児童の「やってみたい」という思いを　確かめるために，教師が範奏を行う。 ・児童の気付きや演奏への思いを可視化して共有するために，拡大楽譜に書き込む。 ・リコーダー奏に備えるために，階名唱をしたり，曲の構成を捉えるために交互唱をしたりする。 ・拍やフレーズを感じながら演奏できるように，フレーズごとに交互奏する。	
第二次（第2時）	ねらい：演奏の仕方と楽器の音色との関わりに気付き，思いや意図に合った表現にするために，演奏の仕方を工夫する。		
	○副次的な旋律を階名唱したり，リコーダーで演奏したりする。 ○主旋律と副次的な旋律を重ねて演奏する。 ○演奏の仕方と楽器の音色との関わりについて，気付いたことを共有する。	・階名唱する際には，手で音の高さを表して，旋律の上がり下がりを感じることができるようにする。 ・重なり合う音色を感じ取りながら演奏するように声をかける。 ・気付いたことについては拡大楽譜に書き込み，共有する。	知
（第3時）	○2人から6人のグループに分かれて演奏する。 ○思いや意図に合う演奏にするために，演奏の仕方を工夫する。 ○本題材の学習活動を振り返る。	・ペアのグループを決め，互いの演奏を聴いたり，アドバイスしたりするように促す。 ・思いや意図を伝える際には，実際に演奏してみて意見を交流し合うように助言する。 ・発表したいグループは全体の前で発表できるような機会を設定する。	技 思 態

6 本時の流れ（3／3時間）

○学習内容　・学習活動	教師の主な発問と子供の状況例	評価規準と評価方法
ねらい：思いや意図に合った表現にするために工夫して演奏する。		
○2人から6人のグループに分かれて、互いの音を聴き合いながら演奏する。 ・拍やフレーズを感じながら、音色に気を付けて演奏する。 ・グループの中で聴き役を立て、気付いたことや感じたことを伝え合う。 ・どのように演奏したいかについて、グループのメンバーと話し合ったり、試したりしながら思いや意図に合った演奏を工夫する。	「拍やフレーズを感じながら、友達の音をよく聴いて合わせて演奏してみましょう」 ・フレーズのはじめの音をしっかり合わせるように気を付けよう。 ・一つのフレーズの中は、なめらかに旋律がつながるように演奏しよう。 「話し合ったことを実際に演奏で試しながら、工夫するようにしましょう」 ・だんだん音が上がっていく部分は、息を少しだけ強くしていって盛り上げよう。 ・重なる部分はよく聴き合って、ずれないように合わせよう。	技 発言 観察 ワークシート
○ペアグループで聴き合い、思いや意図に合う演奏にするために、演奏の仕方を工夫する。 ・どのように演奏したいか、どの部分を聴いてほしいか伝えてから演奏する。 ・気付いたことを伝え合い、さらに演奏を工夫する。	「注目して聴いてほしい部分を伝えてから演奏し、聴いていたグループはその点についてよさやアドバイスを伝えましょう」 ・音が下がってくるところは、息の強さを弱くするときれいに演奏できると思うよ。 ・旋律が分かれるところは、お互いの音をよく聴いて演奏するといいと思うな。 ・心の中で3拍子を感じながら演奏するといいと思うよ。	思 発言 観察 ワークシート
○本題材の学習活動を振り返る。 ・発表したいグループは、聴いてほしい点を言った上で演奏する。 ・思いや意図に合う演奏にするために、どのような演奏の工夫をしたかについて振り返る。 ・学習の振り返りを記入する。	「旋律の特徴を生かして演奏するために、どのようなことに気を付けて演奏しましたか」 ・旋律が上がっていくところは少しだけ息を強くして盛り上げるように演奏した。 ・フレーズを感じて演奏するために、友達にボールを優しく渡すような感じで交互奏をしたよ。	態 発言 観察 ワークシート

器楽…3年

7 授業づくりのポイント

❶ 教師による範奏で曲と出会う

　専科教諭と担任など，教師の範奏によって曲に出会うことは，児童の「こんな曲を演奏したいな」という願いを生み出すために大変効果的です。アイコンタクトで音を合わせたり，フレーズを一緒に感じたりして演奏している様子を間近で見ることで，児童はどのように演奏したいかについての思いや意図を，具体的にもつことができます。

　毎回の題材で取り入れることは難しいですが，ここぞというときに取り入れ，二重奏や交互奏など，いろいろな演奏を提示することも，児童の演奏に対する思いを膨らませると考えます。教師による範奏は，児童に強い印象を与えるため，題材の後半になってから「先生たちの演奏のように……」などと児童が発言することもあります。できれば，範奏後に感想や気付いたことを児童からたくさん聴いておくといいでしょう。一言感想を書く時間を取ることも効果的です。そして，範奏で何を聴き取ったり感じ取ったりしてほしいのかということを明確にもち，その後の児童の演奏に生かしていくことが大切です。

❷ グループ演奏への関わり方を選択できるようにする

　グループの人数を児童が選べるようにすることで，その後のグループ活動に取り組みやすくします。教師が人数を決めることも大切ですが，状況によって児童にまかせることも大切です。大人数で音を合わせて演奏することは，少人数に比べて難しいことですが，フレーズごとに交互奏するなどの方法を提示することで活動の幅が広がり，取り組みやすくなります。どの児童も主体的に演奏に取り組むためには，演奏への苦手意識をどう取り除くかがポイントです。児童が自らどのように演奏に関わるかを自己決定し，目標を定めて活動に取り組むことは，演奏への意欲を引き出すことにつながります。

　また，楽譜の難易度を選択できるように準備することも一つの方法です。音を合わせて演奏することの楽しさを味わいながら，どのように演奏したいかについて思いや意図をもつことに焦点化できるように，教師が工夫して複数の楽譜を提示することは大切です。その際，どの楽譜が自分の思いや意図を実現するのに適しているのか，という視点をもたせることを意識しておきたいです。

❸ 旋律の特徴を生かした指導を心がける

　本教材は，ソからレの音で構成された，順次進行の旋律が特徴的です。リコーダーの運指に慣れながら，上行するときの曲の盛り上がりなど旋律の上がり下がりを感じて，曲の特徴を捉えた演奏を工夫するように指導することが大切です。

　また，主旋律と副次的な旋律は多くの部分で3度で重なり合います。3度の響きのよさを感

じながら演奏するのにも適した教材です。重なり合う旋律の響きに注目して範奏を聴くように促したり、少人数で音を重ねて客観的に聴く場面を設けたりするよう工夫したいものです。

❹ 自分たちの音が聴こえやすいように場を工夫する

いくつものグループが同じ場所で演奏していると、自分たちの演奏が聴こえにくかったり、対話がしにくかったりします。そこで、音楽室だけでなく、近くの教室や廊下などに分かれて演奏できるような場を設定できるとよいでしょう。

また、壁に向かって演奏するようにすると、音がよく聴こえて演奏がしやすくなります。自分たちの演奏に集中しやすくもなります。

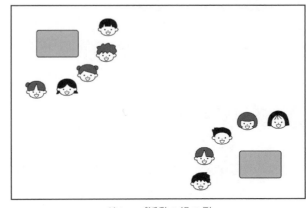

グループ活動の場の例

❺ ペアのグループと聴き合う活動を設定する

グループで思いや意図を共有し、表現していく過程で、ペアのグループと演奏への思いや意図を伝え合ったり、演奏を聴き合ったりする活動を設定します。互いのグループの思いや意図をどのように演奏で表現しているかを知り、演奏を聴くことは、自分たちの演奏を客観的に振り返ることにもつながります。

その際、必要に応じてどの部分を聴いてほしいかを明確に伝えるよう助言します。曲全体を何となく聴き合うだけでは、「よかったと思います」などと曖昧に感想を言って終わりにしてしまったり、グループの演奏のめあてと違う部分についてフィードバックしてしまったりして、対話的で深い学びには辿りつきません。焦点を絞って聴き合い、フィードバックし合うことで、「フレーズの始めの音がぴったり合っていました」「みんなで3拍子を感じながら演奏すると、音がもっと重なり合うと思います」というような発言や指摘が生まれ、めあての達成に向けて演奏を高め、学びを深めていくことができると考えます。

（曳田　裕子）

7 アンサンブルを楽しもう

学年・活動 第3学年・器楽　**主な教材**「せいじゃの行進」

本題材で扱う学習指導要領の内容

2内容　A表現　(2)器楽ア，イ(ア)(イ)，ウ(ウ)〔共通事項〕(1)ア
思考・判断のよりどころとなる主な音楽を形づくっている要素：音色，旋律，呼びかけとこたえ，
音楽の縦と横との関係（声部の重なり方）

1 題材の目標

○「せいじゃの行進」の曲想と音楽の構造との関わりに気付くとともに，思いや意図に合った
　演奏をするために必要な互いの楽器の音色を聴き，音を合わせて演奏する技能を身に付ける。

○音色，旋律，呼びかけとこたえ，音楽の縦と横との関係などを聴き取り，それらの働きが生
　み出すよさや面白さを感じ取りながら，聴き取ったことと感じ取ったこととの関わりについ
　て考え，曲の特徴を捉えた表現を工夫し，どのように演奏するかについて思いや意図をもつ。

○「せいじゃの行進」のパートの役割を考えて合奏する学習に興味をもち，音楽活動を楽しみ
　ながら主体的・協働的に器楽の学習活動に取り組み，器楽合奏に親しむ。

2 題材の特徴と学習指導要領との関連

❶ 本題材で扱う教材「せいじゃの行進」の特徴

　教材「せいじゃの行進」（アメリカ民謡）は，もともとアメリカの黒人霊歌です。ジャズで
演奏されることが多く，鑑賞教材として扱うこともあります。

　曲の前半は，主旋律と副次的な旋律が呼びかけとこたえで関わり合い，後半はほぼ同じリズ
ムで重なり合っています。低音は拍に合ったリズムとなっていて主旋律と副次的な旋律を支え
ています。各パートの特徴や役割がはっきりしているので，本題材において，どのように器楽
合奏をするかについて演奏の仕方の工夫を含め，いろいろ試しながら思いや意図をもって演奏
することに適した教材といえます。

❷ 「器楽アンサンブル」の学習の位置付け

　本題材は，学習指導要領における器楽の事項ウ(ウ)「音を合わせて演奏する」学習にあたり，
第3学年及び第4学年では「互いの楽器の音や副次的な旋律，伴奏を聴いて，音を合わせて演
奏する」ことが技能として示されています。互いの演奏を聴き合い，声部の役割を意識しなが
ら，音を合わせて演奏する喜びを味わえるよう，器楽アンサンブルの指導を工夫することが求
められています。

3 主体的・対話的で深い学びの視点による題材構成のポイント

❶ 児童の言葉や活動を見取り，価値付けながら授業を展開する

　児童が主体的に音楽活動に取り組めるようにするためには，まず，曲と出会ったときの児童の思いや気付きを教師が捉えて，ていねいに取り上げ，音楽的に価値付けていくことが大切です。演奏に対する思いを基に曲と関わることで，「このように演奏したい」という意図が生まれてきます。主体的な学びの柱となる思いや意図を，発言やつぶやき，演奏，ワークシートなどいろいろな方向から教師が見取り，支えていくことが，指導のポイントとなります。

❷ 音や言葉を通して互いに考えを出し合い，共有し，試行錯誤する場面を設定する

　器楽の活動において，対話的な学びが展開されるためには，児童が互いに気付いたことや感じ取ったことを音や演奏とともに共有し，試行錯誤しながら器楽合奏に取り組んでいく場面を十分につくることが大切です。そのために教師は，グループ活動の場や活動の進め方を言葉や演奏で提示することや，試行錯誤の基となる楽器の音色の特徴や美しさを感じ取る場面を，指導計画上に設定しておくことが必要です。

❸ 学びを関連させながら経験を広げていく

　児童が音楽で学習してきたことや経験してきたことを教師が引き出し，その内容を学習に生かしていくことが深い学びにつながっていきます。例えば「木琴の音色が曲に合っていない」と児童が発言したとき，教師が以前の学習を想起させ，児童がマレットの違いによって音色が異なることと結び付けられるようにすることで，試行錯誤しながら，自分の思いや意図に合った演奏に近付けることができます。また，鑑賞の学習から表現の方法に関するヒントを得たりすることもできます。年間を通してどの学びが関連するか，児童の経験や実態に照らして引き出していくことが大切です。

4 題材の評価規準

知識・技能	思考・判断・表現	主体的に学習に取り組む態度
知 「せいじゃの行進」の曲想と音楽の構造との関わりや，楽器の音色や響きと演奏の仕方との関わりについて気付いている。 技 思いや意図を表現するために必要な，互いの楽器の音を聴き，音を合わせて演奏する技能を身に付けて演奏している。	思 音色，旋律，呼びかけとこたえ，音楽の縦と横との関係などを聴き取り，それらの働きが生み出すよさや面白さを感じ取りながら，聴き取ったことと感じ取ったこととの関わりについて考え，曲の特徴を捉えた表現を工夫し，どのように演奏するかについて思いや意図をもっている。	態 「せいじゃの行進」のパートの役割を考えて演奏する学習に興味をもち，音楽活動を楽しみながら主体的・協働的に器楽の学習活動に取り組もうとしている。

5 指導と評価の計画（全3時間）

次	○学習内容	指導上の留意事項	評価規準
第一次（第1時）	**ねらい**：「せいじゃの行進」の曲想や曲の特徴について気付き，パートの役割を意識して主旋律や副次的な旋律を演奏する。 ○鑑賞曲や範唱，範奏を聴いて，曲の雰囲気や特徴を捉える。 ○曲の特徴を意識しながら主旋律を演奏する。 ○副次的な旋律の特徴を捉えて演奏する。 ○主旋律と副次的な旋律との関わりを捉えながら，音を合わせて演奏する。	・拡大楽譜を事前に準備しておき，曲の雰囲気や特徴について児童が気付いたことを記入できるようにしておく。 ・主旋律や副次的な旋律のリズムがつかめるように，リズム打ちや階名唱をする。 ・主旋律と副次的な旋律との関わりが捉えられるように，拡大楽譜を見ながら範奏を聴いたり，教師と児童数名の演奏を聴いたりする。	
第二次（第2時）	**ねらい**：楽器の音色の特徴を知り，それを生かして，音を合わせて演奏する。 ○低音パートの旋律の流れ，リズムを捉える。 ○低音楽器の演奏の仕方や音色の特徴について知る。 ○それぞれのパートに分かれて演奏する。 ○それぞれのパートで拍や楽器の音色をそろえて演奏する。 ○主旋律と他のパートと合わせて演奏したり聴き合ったりする。 ○それぞれのグループで合わせて演奏する。	・低音パートの流れやリズムがつかめるように，リズム打ちや階名唱をする。 ・児童が低音楽器の音色の特徴について気付いたことや感じたことを整理する。 ・パートの活動場所について，パートの子供同士で聴き合えるような場を設定する。 ・パートの中で演奏しながら気付いたことやどのように演奏したいかについて思いや意図を共有できるように楽譜やホワイトボードを事前に準備しておく。 ・パート同士で思いや意図を出し合いながら拍を合わせて演奏できるようにする。	知 思
（第3時）	○音を合わせる時に，どのようなことを意識して合わせるとよいか，意見を出し合う。 ○出てきた意見を基に合奏する。 ○楽器の音色を生かして演奏する。 ○互いに楽器の音色を聴きながら演奏する。	・音を合わせる時に意識するとよいことを出し合えるように，ワークシートの振り返りを全体に紹介したり，前時のよかった姿を伝えたりする。 ・出てきた意見を意識することを伝える。 ・楽器の音色や全体のバランスについて言葉がけをする。 ・互いに聴き合う大切さを伝える。	技 態

6 本時の流れ（2／3時間）

○学習内容　・学習活動	教師の主な発問と子供の状況例	評価規準と評価方法
ねらい：楽器の音色の特徴を知り，それを生かして，音を合わせて演奏する。		
○低音パートの旋律の流れ，リズムを捉える。 ・範奏を聴き，①，②のパートと低音パートとの関わりに気付く。	「前の時間は①と②のパートでアンサンブルをしましたが，今日は低音パートが加わります。演奏を聴いて，どのように①，②パートと関わっているか聴いて，感じたことや気付いたことを教えてください」 ・①と②は追いかけっこしているみたい。 ・低音が入ると合奏している感じがする。	
・拡大楽譜を見ながら，低音パートの流れを知る。 ・リズム打ちや階名唱をしながら低音パートの流れをつかむ。 ○低音楽器の演奏の仕方や音色の特徴について知る。	「低音パートの特徴が分かるように，リズムを打ってみましょう」 「今度はリズム打ちをしながら階名で歌ってみましょう」 「低音パートのみ演奏します。まず先生の演奏を聴いて，音色についてどのように感じたか発表してください」	知 発言 観察 ワークシート
・範奏を見ながら演奏の仕方を理解する。	「先生が，どの鍵盤をどの指で演奏するのか見せるので，よく見て心の中で演奏してください」	
○それぞれのパートに分かれて演奏する。 ○それぞれのパートで拍や楽器の音色を合わせて演奏する。	「（それぞれの活動場所で）みんなで合わせるためには，どんな事が大切になりますか」 ・どのくらいの速さで演奏するか（拍を打つか），最初に確認する。	
○主旋律と他のパートと合わせて演奏したり聴き合ったりする。	「他のパートとも合わせてみましょう。パートが違っても合わせる時に大切なことはどのようなことですか」 ・拍を合わせて，聴き合うこと 「曲の特徴を生かして，どのように演奏したいですか」	思 発言 観察 演奏聴取 ワークシート
○それぞれのグループで合わせて演奏する。	「それぞれのグループに分かれて，①，②，低音パートを合わせて演奏しましょう」	

7 授業づくりのポイント

❶ 曲との出会いを大切にする

初めて曲と出会った
とき，児童は自分なり
の思いや気付きをもち
ます。その思いや気付
きが学びの基となり，
教師の価値付けや曲と
触れ合っていく中で，
このように演奏したい
という意図が生まれ，

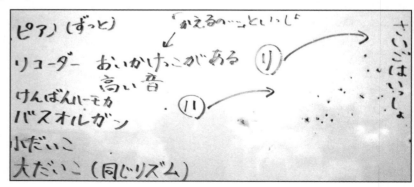

児童の初発の感想の例

それが主体的な学びの柱となります。そのために教師は，曲との出会わせ方（範奏，言葉がけ，楽譜の提示，曲の背景を伝える等）を児童の実態や目指す姿に向けて事前に準備しておき，授業の状況に応じて提示していくことが大切です。

❷ 曲の構成を知る

器楽の学習では，楽譜を学びのよりどころとすることが多いです。本学習においても，主旋律と副次的な旋律，低音パートとの関わりを，音だけでなく楽譜を通して気付かせるようにしました。児童が気付いたことを教師は拡大楽譜で価値付けし，音や言葉とともに児童に返します。例えば，主旋律と副次的な旋律について，「かえるの歌みたいにずれている」という発言があったとします。それに対して教師は範奏を聴かせ，楽譜で該当する部分を指し，「ここは，〇〇さんの言ったようにずれて同じような旋律が入っていますが，これは△年生の〇〇で学習したように『呼びかけとこたえ』になっていますね」と言って拡大楽譜に書き込んだり，低学年の学習が想起できている状況であれば，児童から「呼びかけとこたえ」を引き出して拡大楽譜に書き込んだりすることが大切です。

二つの旋律の関わり合いに気付いたら，次はどういった音色で演奏したらよいか，意図した音色で演奏するためにはどういった演奏の仕方がよいか，試行錯誤する場面になります。「主旋律はどういった音色で演奏する？」「主旋律が〜だったら副次的な旋律はどういった音色で演奏する？」「〜の音色にしたいならば，どういった演奏の仕方がよいかな？」といった投げかけをしながら，児童の中からよいつぶやきや，よい演奏の仕方で演奏している姿を見付け，全体で共有します。

❸ パートの役割や楽器の特性を生かす〜楽器の音色に焦点を当てる〜

　器楽の学習で，パートの役割を理解することはとても大切なことです。パートの役割を理解できるようにするために，私は食べ物に例えてみることがあります。今回の授業では，ミックスソフトクリームに例え，「ソフトクリームの部分は，主旋律と副次的な旋律だというイメージをもちます。主旋律と副次的な旋律が関わり合っているからミックスですね。音色がそろっていないと，バラバラになってしまい，一つにならないので，音色を合わせることは大切ですね。主旋律と副次的な旋律がソフトクリームだとしたら，低音パートは何ですか？」といったように言います。すると，児童から「低音はアイスクリームの下のコーンだ」という声が出てきます。そこで，なぜ低音がコーンだと思ったのかを聞きます。すると，児童から「主旋律と副次的な旋律を支える役割だから」という意見が出てきたら，教師はそれをすかさず価値付けましょう。

　言葉をやり取りする中で，実際に児童と教師が一緒に演奏してみるなど，音を聴きながら発言の意味を確かめていくことも大切です。

❹ 学びの場を適切に設定する

　児童の学習が深まっていくためには，子供同士が互いの演奏を聴き合い，よいところを認め合ったり，課題となるところを出し合ったりすることが重要です。器楽の学習においては，全体で合奏する際に聴き役をつくったり，グループ学習を行い，聴き合ったりすることが学びを深めていくことになります。そのために教師は，聴き合える場面を設定するだけではなく，聴き合う視点を具体的に提示することや個々やグループの学習に入る前にめあてや活動の内容，意味をしっかりと伝えることが大切です。そしてよさや課題を出し合っている時に，児童から出た発言を，音楽を形づくっている要素に関連付けることも教師の大切な役割となります。

　また，「聴く」という視点で器楽の学習で忘れてはいけないのが，演奏している間にどのパートの音を聴きながら自分の音を合わせていくかという事です。この大切な視点を教師が伝えるのではなく，学習の中で児童が気付いていくようにすることがポイントです。例えば，主旋律，副次的な旋律，低音のパートのリズムや拍がずれることなく合っているグループがあるとします。そのグループの演奏を聴いて，「うまく合っているね」という言葉をかけるだけでなく，「合わせるコツは？」といった発問を全体の前で行うという展開も考えられます。聴きながら演奏することが難しい児童もいると思います。そういった場合は，聴く視点を与え，意識して聴くことから支援していくとよいと思います。

　「聴く」ことは器楽の学習だけでなく，他の領域・分野の学習にもつながります。領域・分野が異なっても聴くことの重要性は変わりません。児童の学びをつなげていくことが音楽の力の広がりや高まり，学ぶ意欲の持続につながっていくことを心にとめて，日々の実践において取り組んでいくことが大切です。

（吉田　百合子）

8 きょうどやわが国の音楽を えんそうしよう

本題材で扱う学習指導要領の内容

２内容　Ａ表現　(2)器楽ア，イ(イ)，ウ(イ)〔共通事項〕(1)ア
思考・判断のよりどころとなる主な音楽を形づくっている要素：音色，リズム，音楽の縦と横との関係

1 題材の目標

○お囃子の音楽に使用されている楽器の音色や響きと演奏の仕方との関わりについて気付くとともに，思いや意図に合った表現をするために必要な，音色や響きに気を付けて，打楽器を演奏する技能を身に付ける。

○お囃子の音色，リズム，音楽の縦と横との関係を聴き取り，それらの働きが生み出すよさや面白さ，美しさを感じ取りながら，聴き取ったことと感じ取ったこととの関わりについて考え，曲の特徴を捉えた表現を工夫し，どのように演奏するかについて思いや意図をもつ。

○太鼓の響きの特徴に興味をもち，お囃子の音楽を聴いたり，友達と協働して太鼓を演奏したりする活動を楽しみながら，主体的・協働的に器楽の学習活動に取り組み，郷土や我が国の音楽に親しむ。

2 題材の特徴と学習指導要領との関連

❶ 「我が国や郷土の伝統音楽に親しむこと」の一層の充実に向けて

　中央教育審議会答申（平成28年12月21日）では，「我が国や郷土の伝統音楽に親しみ，よさを一層味わえるようにしていくこと」が今後の音楽科教育の課題であることが示されました。児童にとって，生活する地域の中にある音楽に触れることは，我が国や郷土の伝統音楽に親しむ一番の近道と考えられます。児童が，地域のお囃子や，そこで演奏されている楽器などに触れることが，身近な生活や社会の中の音や音楽と主体的に関わっていくことになり，「生活や社会の中の音や音楽と豊かに関わる資質・能力」が育成されることにつながります。

❷ 郷土の音楽，和楽器の学習に関するカリキュラム・マネジメント

　各学校を取り巻く地域の実態にもよりますが，地域に根ざしたお囃子などの郷土の音楽に触れる機会はとても大切です。それらを守っている地域の方々の協力を得たり，教師自らが地域に出向いて郷土の音楽を探したりするなどしながら，各学校の教育課程に取り入れていくことが必要です。また，その音楽の中で使われている和楽器に少しでも触れることで，児童が我が国や郷土の音楽のよさや面白さについて，演奏を通して学んでいけると考えます。

3 主体的・対話的で深い学びの視点による題材構成のポイント

❶ 児童が生活する地域の音楽を授業で取り上げる

　主体的な学びの実現のためには，児童が自ら進んで音楽に関わろうとする姿勢が大切であると言えます。その姿勢を引き出す一つの手段として，児童が生活する地域のお囃子などを授業で取り上げることは，「生活と学習のつながり」を実感できる機会になり，効果的な題材になると言えるでしょう。

❷ 一人一人が楽器に親しむ

　対話的な学びとして，人と人との関わりが大変重要な視点になります。それと同じように，音楽科の学習では「楽器との対話」も重要になってくると考えられます。

　本題材では太鼓を用いましたが，学校の実態によっては太鼓の数が足りないことも想定されます。そのような場合は，地域や近隣の学校の協力を得て，なるべく多くの楽器をそろえ，一人一人が太鼓に触れる時間を確保し，太鼓の音色や質感を感じられる「楽器との対話の時間」をもてるような環境づくりに努めていくことが大切です。これらの環境づくりによって，主体的かつ対話的な学びが実現していきます。

❸ お囃子の音楽を実際に演奏する

　ゲストティーチャーの協力を得るなどして，児童がお囃子の太鼓のリズム・パターンを打てるようになり，少しでもお囃子に親しむことができれば，郷土の音楽のよさを直に感じることができると考えます。自分の生活の中にある音楽に授業を通して親しむことで，児童が地域に戻ってその音楽のよさや面白さを再発見したときに，深い学びにつながっていくことでしょう。

4 題材の評価規準

知識・技能	思考・判断・表現	主体的に学習に取り組む態度
知　お囃子の音楽に使用されている楽器の音色や響きと演奏の仕方との関わりについて気付いている。 技　思いや意図に合った表現をするために必要な，音色や響きに気を付けて，打楽器を演奏する技能を身に付けて演奏している。	思　お囃子の音色，リズム，音楽の縦と横との関係を聴き取り，それらの働きが生み出すよさや面白さ，美しさを感じ取りながら，聴き取ったことと感じ取ったこととの関わりについて考え，曲の特徴を捉えた表現を工夫し，どのように演奏するかについて思いや意図をもっている。	態　太鼓の響きの特徴に興味をもち，お囃子の音楽を聴いたり，友達と協働して太鼓を演奏したりする活動を楽しみながら，主体的・協働的に器楽の学習活動に取り組もうとしている。

5 指導と評価の計画（全3時間）

次	○学習内容	指導上の留意事項	評価規準
第一次（第1時）	**ねらい：お囃子の演奏を鑑賞するとともに，太鼓の演奏に親しむ。**		
	○教材となるお囃子の歴史を知る。	・郷土の音楽であるお囃子の歴史を知ることができるように，地域や学校にある資料を提示したり，ゲストティーチャーの話を聴いたりできるようにする。	知
	○お囃子の演奏を聴く。	・実際のお囃子の演奏が聴けるように，音源や映像を用意する。可能ならば，地域のお囃子に携わる方々に演奏していただく。	
	○一人一人の児童が太鼓を演奏し，楽器の特徴やよさに気付く。	・一人一人が太鼓に触れることができるように，台数に対してグループで交代しながら太鼓を打つようにする。その際に，第2時で扱う「テケテンツクテテツクテンツクツ」の口唱歌を教師が唱えながら児童が太鼓を打てるようにすることで，次の学習との学びのつながりをもてるようにする。	
第（第2時）	○太鼓のリズムパートを口唱歌を用いて覚え，太鼓を演奏する。	・「テケテンツクテテツクテンツクツ」などの口唱歌でリズムを覚えながら，太鼓を打つようにする。	思
	○教師の笛や太鼓，すり鉦などに合わせながら演奏し，どうすればうまく演奏できるか考える。	・子供が，教師が鳴らす笛などに合わせて太鼓を打つようにすることで，次回のお囃子に携わる方との演奏に見通しをもてるようにする。	
第二次（第3時）	**ねらい：地域のお囃子に携わる方と一緒に演奏して，太鼓に親しむ。**		
	○太鼓の演奏の確認をする。	・前時を振り返り，太鼓の演奏の仕方を確認する。	技
	○お囃子に携わる方の笛と一緒に演奏をする。	・グループごと交代しながら，お囃子に携わる方の笛に合わせて太鼓の演奏をする。	
	○学習カードに記入し，振り返りを発表し合う。	・「自分の地域にとって身近な音楽に，太鼓を通して触れることができたこと」を視点として振り返りができるようにする。	態
	○お囃子に携わる方からのお話を聴く。	・お囃子に携わる方の授業に対する感想を聴くとともに，今後のお囃子への思いを伺えるようにする。	

6 本時の流れ（2／3時間）

○学習内容　・学習活動	教師の主な発問と子供の状況例	評価規準と評価方法
ねらい：口唱歌（くちしょうが）でリズムを覚えて，太鼓を演奏する。		
○口唱歌を確認する。 ・前時にゲストティーチャーから教わった口唱歌を全員で唱える。	「前の時間に，お囃子に携わった方から教わった口唱歌を確認してみましょう」 ・テケテンツクテテツクテンツクツは呪文みたいで面白いし，リズムが分かりやすい。	
○口唱歌を唱えながら，バチで打つ。 ・机や椅子の背もたれなどを，バチで叩きながらリズム・パターンを覚える。	「口唱歌を唱え（とな）ながら，自分のバチで机や椅子の背もたれを打ちましょう。バチで打つところは，拡大図の赤丸で示したテケやテンのところです」 ・口唱歌と図のおかげで，打つところが分かりやすいから，だんだんとリズムを打てるようになった。	
○グループに分かれて，実際に太鼓を演奏する。 ・教室にある太鼓の数に合わせて，グループに分かれて太鼓を打つ。 ・打っていないグループは，打っているグループに合わせて口唱歌を唱える。 ・交代しながら，太鼓に親しむ。	「（太鼓の数に合わせて）交代しながらグループで太鼓を打ちましょう。打っていないグループの人は，口唱歌を唱えましょう」 ・実際に太鼓を打てると，太鼓の音色のよさが分かるな。 ・みんなと同じリズムを打つのは，一体感が生まれていい。	
○教師の笛や太鼓，すり鉦（がね）などに合わせながら演奏し，どうすればうまく演奏できるか考える。 ・グループで交代しながら，教師が鳴らす楽器に合わせて太鼓を打つ。	「先生が鳴らす楽器に合わせて，みんなで一緒に演奏しましょう。前回の授業で聴いたお囃子を思い出しながら，どのように演奏したらお囃子の音楽に近付けるか考えながら演奏しましょう」 ・だんだんお囃子の演奏になってきた。 ・いろいろな楽器が合わさると，太鼓のリズムが生きてくるね。	思 発言 観察 演奏
○学習の振り返りをする。	・お囃子に携わる方と演奏することが楽しみになってきた。	

器楽・・・4年

7 授業づくりのポイント

❶ 太鼓に挑戦するための環境づくりをする

　学校や地域の実態によって，各学校にある太鼓の数には限りがあると思います。そのような状況の中でも，口唱歌を用いながら，太鼓のリズムを児童に感得させていくために，太鼓を打つときに用いる「バチ」を一人１セット用意することが必要です。

　本物の木のバチを人数分用意することは難しいですが，学校にある古紙などを棒状に丸めることで簡易用バチをつくることができます。授業の際に，一人１セット用意できれば，主体的に学習に取り組めると思います。授業の合間や，教室での時間で児童と「バチ」をつくることで，学習意欲も芽生えることでしょう。より本物に近づけようと考えるならば，丸い棒のような木材を購入し，学校で適当な長さに切断し，紙やすりを使って両端を丸く加工することもできます。手間はかかりますが，一人一人が作業することで，自分のバチに愛着をもつようになり，よりよい音を出そうという意欲につながります。

手づくりの簡易用バチ　　　　しめ太鼓　　　　大太鼓

❷ 口唱歌によるアプローチをする

　お囃子の音楽のよさの一つに，五線譜のような楽譜に捉われなくてよいという点が挙げられます。もともとは，師匠から弟子への「口伝」によって伝えられてきた日本の音楽は，口唱歌を使ってリズムや旋律を覚えるという文化をもっています。それ故に，楽譜を読むことが苦手な児童や，聴くことが得意な児童にとっては，日本の楽器の授業は取り組みやすい面があると思います。口唱歌で覚えたリズムを打てるようになれば，より太鼓に親しむことができるようになるでしょう。

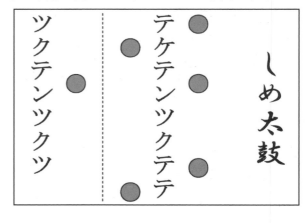

　本題材では，「テケテンツクテテツクテンツクツ」といった，口唱歌を図で表したものを拡

大表示することで，児童が太鼓を打つ際の手助けにしました。児童にとって身近な「太鼓ゲーム」に使われているような，「打つ場所を〇で示す」など，視覚的アプローチをすることでリズムを正しく捉えることができるようになると考えられます。

❸ ゲストティーチャーとの綿密な打合せを行う

　地域の実態にもよりますが，児童が生活する地域のお囃子を演奏されている方にゲストティーチャーとしてお越しいただき，篠笛などを吹いていただきながら，児童と一緒にお囃子の演奏をすることができれば，我が国や郷土の音楽に，より親しむことができると考えられます。

　題材の全ての授業にお越しいただくことは難しいと思いますが，児童が「本物に触れる」という機会を設けるためにも，お越しいただける日には授業に参加していただけると，「地域の方との対話」「社会に開かれた教育課程」につながる授業になると思います。

　そのためにも，教師自らが足を運び，地域の方と打合せをしながら授業を進めていくことが大切です。普段の授業を進めながらの学習になるので，大変な面もありますが，太鼓を貸していただけたり，お囃子の方々に学校にお越しいただけたりと，学校が地域と児童をつなげる役割を担えるようにもなっていきます。

　また，打合せで確認しておくポイントとしては，「授業の流れ」や，「児童が打ちやすいお囃子の太鼓のリズムは何か」「授業のまとめとして，一緒に演奏していただけるか」「足りない楽器は貸していただけるか」などが挙げられます。

❹ 授業を通して，身近な音楽に親しめるようにする

　地域のお祭りが少なくなり，お囃子の演奏を継承していく人が減っているということが現状であり，我が国の音楽を取り巻く課題でもあります。教科書に掲載されている教材ももちろん大事ですが，太鼓の学習を通して，児童が生活の中にある音楽に親しんでいくことは，地域にとっても，学校にとっても，我が国の文化を継承していくためにもとても大切なことです。

　グローバル化が進み，社会も多様性が求められる時代となりました。小学校でも英語が必修化され，益々世の中は国際的な視点で物事を考えていく時代になるでしょう。

　そのような時代だからこそ，アイデンティティとして求められるのは，郷土の文化に愛着をもっているかどうかであると考えます。そのためにも，郷土の音楽を学校で学ぶ機会を設けることは，たいへん意義のあることです。音楽科の学習で，身近な和楽器に親しめる時間が多くなることが，社会に開かれた教育課程の実現につながると言えるでしょう。

（須田　直之）

曲のとくちょうに合ったえんそうを工夫しよう

学年・活動 第4学年・器楽　　**主な教材**「茶色の小びん」

本題材で扱う学習指導要領の内容

2内容　Ａ表現　(2)器楽ア，イ(イ)，ウ(イ)〔共通事項〕(1)ア

思考・判断のよりどころとなる主な音楽を形づくっている要素：音色，リズム，旋律，
音楽の縦と横との関係（各パートの音の重なり方）

1　題材の目標

○「茶色の小びん」の楽器の音色や響きと演奏の仕方との関わりについて気付くとともに，思いや意図に合った表現をするために必要な，音色や響きに気を付けて，旋律楽器や打楽器を演奏する技能を身に付ける。

○「茶色の小びん」の音色，リズム，旋律，音楽の縦と横との関係（各パートの音の重なり方）を聴き取り，それらの働きを生み出すよさや面白さ，美しさを感じ取りながら，聴き取ったことと感じ取ったこととの関わりについて考え，曲の特徴を捉えた表現を工夫し，どのように演奏するかについて思いや意図をもつ。

○「茶色の小びん」の曲や演奏の特徴に興味をもち，音楽活動を楽しみながら主体的・協働的に器楽の学習活動に取り組み，器楽合奏に親しむ。

2　題材の特徴と学習指導要領との関連

❶ 本題材で扱う教材「茶色の小びん」の特徴

　「茶色の小びん」は，ヨセフ E. ウィンナーが作詞，作曲しました。スウィング・ジャズのアレンジで演奏されるようになり，世界的に有名になりました。

　A（aa'）-B（bb'）の二部形式で，シンコペーションのリズムと休符が，弾むような旋律の特徴を生み出しています。児童が曲の特徴を捉えて音色や響き，演奏の仕方をいろいろ試しながら，思いや意図をもって演奏することに適した教材と言えます。

❷「音色や響きに気を付けて演奏する」学習の位置付け

　学習指導要領では，第3学年及び第4学年の器楽の事項ウ(イ)において「音色や響きに気を付けて，旋律楽器及び打楽器を演奏する技能」が示されており，楽器の特性に応じた演奏の仕方が身に付くように指導を工夫することが求められています。このような学習は，演奏の仕方を工夫することによって，楽器の音色や響きが変わることに，演奏を通して気付くようにするという，事項イ(イ)との関連を図りながら展開することが重要です。

3 主体的・対話的で深い学びの視点による題材構成のポイント

❶ 曲との出会いを工夫し，児童と教師が学習の見通しを共有しながら授業を展開する

　児童が学習の見通しをもち，思いをもって活動に取り組むためには，曲との出会いの場面が大切です。「器楽合奏に取り組んでみたい」「こんな演奏をしたい」という思いをもてるような曲との出会いを工夫します。例えば，教師や身近な大人の範奏が考えられます。楽しそうに演奏する姿は，児童の演奏への思いを引き出します。そこから児童と共に学習計画を立てることも有効です。児童が学習の見通しをもつことは，主体的な学びへの第一歩です。

❷ 演奏を客観的に聴き，気付いたことや感じ取ったことを共有する場面を設定する

　自分たちの演奏を録画や録音して聴いたり，グループに分かれて互いの演奏を聴いたりする場面を設定し，気付いたことや感じ取ったことについて共有する場面を設定します。このとき，言葉だけではなく，演奏しながら伝え合うことで，どのように演奏したいかについての思いや意図が共有され，今後の音楽表現を高めていくことにつながります。

❸ 曲と出会い直す場面を設定し，演奏の楽しさを見いだす

　音を合わせて演奏することができるようになってきたところで，再度曲に出会う場面を設定します。児童が自分の思いや意図に合った演奏を聴くことで，音楽表現をさらに工夫していこうとする意欲を高めることにつながります。演奏にある程度親しんだからこそ，別の範奏を改めて聴くことで音楽を形づくっている要素と曲想との関係により深く気付き，学びをさらに充実させることができます。

4 題材の評価規準

知識・技能	思考・判断・表現	主体的に学習に取り組む態度
知 「茶色の小びん」の楽器の音色や響きと演奏の仕方との関わりについて気付いている。 技 思いや意図に合った表現をするために必要な，音色や響きに気を付けて旋律楽器や打楽器を演奏する技能を身に付けて演奏している。	思 「茶色の小びん」の音色，リズム，旋律，音楽の縦と横との関係を聴き取り，それらの働きを生み出すよさや面白さ，美しさを感じ取りながら，聴き取ったことと感じ取ったこととの関わりについて考え，曲の特徴を捉えた表現を工夫し，どのように演奏するかについて思いや意図をもっている。	態 「茶色の小びん」の曲の演奏の特徴に興味をもち，音楽活動を楽しみながら，主体的・協働的に器楽の学習活動に取り組もうとしている。

5 指導と評価の計画（全4時間）

次	○学習内容	指導上の留意事項	評価規準
第一次（第1時）	**ねらい**：「茶色の小びん」の旋律やリズムに気付き，旋律の特徴を意識して主旋律を演奏する。		
第一次（第1時）	○範奏を聴き，曲の雰囲気を捉え，気付いたことや感じ取ったことを共有する。 ○これまでの器楽合奏の経験を振り返り，本題材の学習計画を立てる。 ○拍を感じながら，主旋律を演奏する。	・児童の「やってみたい」という思いを高めるために，ゲストティーチャーや教師が範奏を行う。 ・児童が見通しをもって，主体的に学習に取り組めるよう，児童と一緒に学習計画を立てる。	
第二次（第2時）	**ねらい**：演奏の仕方と楽器の音色との関わりに気付き，思いや意図に合った表現にするために，演奏の仕方を工夫する。		
第二次（第2時）	○主旋律以外の旋律を階名唱する。 ○各パートに分かれて，旋律の特徴を意識しながら演奏する。 ○互いの音を聴き合い，音を合わせて演奏する。	・四つのパートの旋律やリズムの特徴を捉えることができるようにするために，旋律を歌ったり演奏したりする。 ・パートごとに演奏することで，それぞれの旋律の特徴に合った演奏を工夫したり，パート内で音を聴き合い，合わせて演奏したりできるようにする。	
（第3時）	○楽器の音色や響きに気を付けて，思いや意図に合った演奏の仕方を工夫する。 ○聴き役を立てたり，録音して自分たちの演奏を聴いたりして，客観的に演奏を振り返る。	・演奏を客観的に聴き，気付いたことを共有することで，自分たちの思いや意図に合った演奏に近づけるようにする。 ・旋律のまとまりや小節の始めの音を合わせることを意識するように声をかける。	技
（第4時）	○ジャズの演奏を聴き，演奏の特徴について気付いたことを共有し，めあてを設定し直す。 ○思いや意図に合う演奏にするために，演奏の仕方を工夫する。 ○題材の学習活動を振り返る。	・「さらに演奏の仕方を工夫したい」という思いを引き出すために，ジャズによる範奏を改めて聴く。 ・思いや意図を伝える際には，実際に演奏をしてみて意見を交流し合うように助言する。 ・初めて合わせたときの演奏と比べるなどして，自分達の演奏の変化を実感できるようにする。	知　思　態

6 本時の流れ（4／4時間）

○学習内容　・学習活動	教師の主な発問と子供の状況例	評価規準と評価方法
ねらい：曲と出会い直し，曲の特徴を改めて感じ取ることを通して，思いや意図を明確にして演奏する。		
○グレン・ミラー楽団による演奏を聴き，曲や演奏の特徴について気付いたことについて共有し，めあてを設定し直す。 ・言葉での共有だけでなく，実際に演奏をしながら演奏の仕方を工夫する。 ・感じ取ったことの根拠を曲や演奏の仕方と結び付けるようにする。	「この演奏はジャズというジャンルによるものです。聴いてみて，どんな特徴を感じ取ったでしょうか」 ・私たちの演奏よりも弾んでいる感じが格好いい。 ・旋律にスタッカートが付いている感じで，ノリがあっていいな。	
○必要に応じて，パートごとに演奏をする時間を設定し，思いや意図に合った演奏の仕方を工夫する。 ・マレットや音色を変えるなど，いろいろな演奏の仕方を試す。	「木琴のマレットを変えたり，バスオルガンの音色を変えたりして演奏してみましょう」 ・少し硬めのマレットの方が，弾んだ感じが出そうだね。 ・バスオルガンは音が短く切れる音色に設定してみよう。 ・リコーダーの旋律は，「ミソッソソッ」ってスタッカートを付けてみよう。	知 発言 観察 ワークシート 思 発言 観察 ワークシート
○本題材の学習を振り返る。 ・初めて合奏したときの演奏を聴いて比較し，どのように変化したかについて気付いたことを共有する。 ・思いや意図に合う演奏にするために，どのような演奏の工夫をしたかについて振り返る。 ・学習の振り返りを記入する。	「初めの合奏と比べて，どんなことができるようになったでしょうか。それはどうしてでしょうか」 ・ジャズの演奏を聴いて，弾んだ感じを出すために，スタッカートを付けて演奏する工夫をしたよ。 ・マレットを変えると音色が変わって，曲の感じがより出せるようになった。	態 発言 観察 ワークシート

器楽…4年

7 授業づくりのポイント

❶ ゲストティーチャーを効果的に活用する

「主体的・対話的で深い学びの視点による題材構成のポイント」において，「曲との出会いの場面を工夫する」ことを挙げましたが，本題材では，児童が曲と出会う場面で，ゲストティーチャーの協力を得て，演奏を聴く機会を取り入れました。CDなどの範唱でも曲や演奏のよさをつかむことはできますが，ゲストティーチャーを交えての生演奏は，曲の特徴に加えて，演奏の仕方によるジャズ特有のスイング感を感じ取ることができます。毎回の題材で協力を得ることは難しいですが，児童の演奏への思いを引き出すために大変有効な方法ですので，積極的に取り入れたいと思っています。

❷ 学習計画を児童と共に設定する

児童は，これまでの器楽の学習経験の中で，様々な知識・技能や学び方を身に付けてきています。それらを振り返りながら，本題材で身に付けたいことを提示したり，児童が自ら選んだりできるようにすることや，どのように学習を進めていくかについて見通しをもつことで，教師がいつも先導しなくても，児童で学びを進め，深めていくことがで

学習前から知っていることできること What I **K**now	今回の学習で知りたいことできるようになりたいこと What I **W**ant to Find out	今回の学習で理解できるようになったこと What I **L**earned
・リコーダーの指づかい ・サミング ・「茶色の小びん」のメロディ ・息の使い方→音色 ・タンギング ・難しいリズムもあるけど ・タイミングを合わせる ・まちがえても止まらない	・体全体を使って演奏したい（かっこよく！） ・どんな風に演奏したいか考えて演奏したい ・曲の特ちょうをつかんで演奏したい ・リズムやせんりつに合わせて強弱をつけたい ・鉄きんや木きんのマレットの使い方、えらび方	

オリジナルの学習計画の例

きます。このことは，音楽の学習に留まらず，全ての教科等の学習において主体的な学び手を育てていく上で重要なことだと考えます。

例えば本題材においては，4時間の題材であること，この題材を通して身に付けてほしいことは，様々な演奏の仕方を工夫しながら，自分達の思いや意図に合った表現ができるようになることであることを伝え，4時間の学習をどのように進めていくかについて，児童と相談しました。児童はこれまでの経験から，パートごとに演奏する時間が必要なことや，合奏を客観的に聴く場面がほしいことを提案しました。このように，児童と学習計画を共有しながら，教師は必要に応じて軌道修正を提案したり，指導するべきことはしっかり指導する機会を設けたりして，児童の学びが深まるように見取っていくことが大切だと思います。

❸ 音を介しながら，思いや意図を伝え合う場面を設定する

　器楽の学習における対話的な学びでは，互いの思いや意図を伝え合いながら演奏を高めていくことが大切です。思いや意図を表現するために，どのように演奏したいか伝え合うとき，児童は話合いに夢中になってしまうことがあります。そのようなときは，「どのような風に演奏したいか，実際にやってみて」と声をかけ，演奏を通して思いや意図を伝え合うように促すことが重要です。友達の提案を聴いたり，みんなで実際に演奏したりすることで，演奏の効果を感じ取ることができます。

❹ 部分的に演奏して聴いたり，聴く際の焦点を絞ったりする

　聴き役が演奏を聴いたり，みんなで録音した演奏を聴いたりする際には，「何を聴くか」という焦点を絞ることがポイントです。児童は，何に気を付けて演奏したかということよりも，間違ったりずれたりした部分を気にしてしまうことがあります。また，一回の演奏でいろいろなことを工夫したり聴いたりするのもハードルが高いものです。

　部分的に合奏して聴き，すぐに気付きを共有したり，一度の演奏で工夫することを絞ったりすることで，少しずつ曲全体の演奏を高めていくことが大切だと考えます。

❺ ジャズの演奏を聴くことで，学びを深める

　本題材の導入では，ジャズ風にアレンジされたゲストティーチャーによる演奏を聴くことで曲に出会いました。児童は演奏中，自然と手拍子をしながら，曲にのって楽しく聴いていました。ゲストティーチャーの演奏への憧れをもち，「あんな風に楽しい演奏をしたい」という願いをもちながらも，楽譜通りに演奏することではなかなか近づけないもどかしさを感じている様子でした。そこで，第4時の始めに，グレンミラー楽団によるジャズの演奏を聴く機会を設定しました。児童は，「主旋律をスタッカートがついているように演奏しているところが，この曲の弾む感じを出している」「コントラバスは弾くように短く演奏しているのも格好いい」と演奏の特徴に気付く様子が見られました。このことから，リコーダーの旋律に楽譜にはないスタッカートを付けて演奏したり，バスオルガンの音色を弾くような音に設定したりすることで，始めに感じていた「のりのよい演奏」を具現化していく様子が見られました。

　児童の思いや意図はどのようなものか，それを演奏につなげるために必要なことは何かということを見取り，適切な機会を設定することで，学びが深まっていくと考えます。

（曳田　裕子）

10 たがいの楽器の音をきき，音を合わせてえんそうしよう

学年・活動 第4学年・器楽　主な教材「ラ・クンパルシータ」

本題材で扱う学習指導要領の内容

2内容　A表現　⑵器楽ア，イ㋐㋑，ウ㋒〔共通事項〕⑴ア
思考・判断のよりどころとなる主な音楽を形づくっている要素：リズム，旋律，反復，
音楽の縦と横との関係（各パートの音の重なり方）

1　題材の目標

○「ラ・クンパルシータ」の曲想と音楽の構造との関わりや，楽器の音色や響きと演奏の仕方との関わりについて気付くとともに，思いや意図に合った表現をするために必要な，互いの楽器の音色を聴いて，音を合わせて演奏する技能を身に付ける。

○「ラ・クンパルシータ」のリズム，旋律，反復，音楽の縦と横との関係（各パートの音の重なり方）を聴き取り，それらの働きが生み出すよさや面白さを感じ取りながら，聴き取ったことと感じ取ったこととの関わりについて考え，曲の特徴を捉えた表現を工夫し，どのように演奏するかについて思いや意図をもつ。

○「ラ・クンパルシータ」のタンゴのリズムの特徴や音を重ねて演奏する学習に興味をもち，音楽活動を楽しみながら主体的・協働的に器楽の学習活動に取り組み，器楽合奏に親しむ。

2　題材の特徴と学習指導要領との関連

❶ 本題材で扱う教材「ラ・クンパルシータ」の特徴

「ラ・クンパルシータ」は，ロドリゲスによってつくられた，タンゴを代表する曲です。短調で構成され，タンゴのステップを表す特徴的なリズム・パターンが，何度も繰り返されています。合奏では，主旋律が複数のパートのかけ合いによって演奏され，曲の最後では多くのパートが同じリズムで重なります。それらの特徴をふまえて，各パートがどのような音で演奏したらよいか，思いや意図をもって演奏方法を工夫することに適した教材といえます。

❷「音を合わせて演奏する」学習の位置付け

学習指導要領における「音を合わせて演奏する」活動は，第1学年及び第2学年から位置付けられています。第3学年及び第4学年では，器楽のウ㋒に「互いの楽器の音や副次的な旋律，伴奏を聴いて，音を合わせて演奏する」ことが技能として示されており，同じパートや他のパートの音を聴きながら，自分の音を合わせて演奏できるよう指導を工夫することが求められています。リズム伴奏を聴きながら，合奏を仕上げていく学習活動に取り組むことが大切です。

3 主体的・対話的で深い学びの視点による題材構成のポイント

❶ 感じ取ったことを言葉で表現する活動を定着させる

　範奏を聴いて，気付いたことや感じ取ったことを言葉で表現できるように，音楽室の壁に「はずんだ」「力強い」「落ち着いた」などの言葉のヒントカードを30枚ほど掲示しています。どのような曲だったかを言葉で表現し，どの児童も自信をもって発言できるように，ヒントカードから言葉を選ぶことを日常化しています。また，自分の考えの根拠をもつために，「どうして力強いと思ったのか」と教師が問いかけをし，「全体的に音が強く弾むように演奏していると思ったから」といった考えをクラスで共有し，音楽の特徴に気付けるようにします。まずは，どの児童も発言しやすい環境をつくることが，主体的な学びにつながります。

❷ 聴き役を立てて，児童一人一人が発言できる場をつくる

　グループ合奏では，全員で演奏してしまうと，自分の楽器に集中してなかなか全体の演奏を聴けないことが多く見られます。その中で気付いたことを発言するとなると，発言が限られた児童に偏りがちです。そのために，聴き役を立て，どの児童も一度は全体の演奏を聴く場面をつくっています。聴き役の児童は，「小太鼓の音が大きすぎて他の音が聴こえない」「主旋律がもう少し強く演奏するとよい」など，気付いたことを発言し，グループの合奏を自分たちでよりよくしていきます。

　グループ活動内での対話を活性化させるために，あらかじめ教師は，どんな視点で意見を言うか伝えておく必要があります。「小太鼓のリズムにのれているか」「音量のバランスはよいか」「グループで目指す演奏になっているか」など，学習のねらいと重なる具体的な視点を伝えることで，的を射た対話が生まれるようになり，これが深い学びへとつながっていきます。

4 題材の評価規準

知識・技能	思考・判断・表現	主体的に学習に取り組む態度
知 「ラ・クンパルシータ」の曲想と音楽の構造との関わりや，楽器の音色や響きと演奏の仕方との関わりについて気付いている。 技 思いや意図に合った表現をするために必要な，互いの楽器の音や副次的な旋律，伴奏を聴いて，音を合わせて演奏する技能を身に付けて演奏している。	思 「ラ・クンパルシータ」のリズム，旋律，反復，音楽の縦と横との関係を聴き取り，それらの働きが生み出すよさや面白さ，美しさを感じ取りながら，曲の特徴を捉えた表現を工夫し，どのように演奏するかについて思いや意図をもっている。	態 「ラ・クンパルシータ」のタンゴのリズムの特徴や音を重ねて演奏する学習に興味をもち，音楽活動を楽しみながら主体的・協働的に器楽の学習活動に取り組もうとしている。

5 指導と評価の計画（全4時間）

次	○学習内容	指導上の留意事項	評価規準
第一次（第1時）	**ねらい：「ラ・クンパルシータ」の曲想と音楽の構造との関わりについて気付き，音楽の特徴を意識して主旋律を演奏する。**		
	○範奏を聴いて曲の雰囲気を捉える。 ○曲の雰囲気を捉えながら主旋律を演奏する。 ○副次的な旋律を演奏する。	・範奏を聴いて，気付いたことを学習カードに記入できるようにする。 ・主旋律を正しく演奏できるよう，階名唱をする。 ・パート譜を用意し，パートごとの音に注目して演奏しやすくする。	
（第2時）	○楽器の分担を決め，選んだ楽器を正しく演奏する。 ○各パートの役割や音の特徴を考え，曲想を感じ取りながら演奏する。	・各パートの楽譜を読み，スタッカートや強弱に気を付けて演奏できるようにする。 ・各パートを順に重ねて演奏し，音の重なり方を全体で感じられるようにする。	知
第二次（第3時）	**ねらい：「ラ・クンパルシータ」の音の重なり方を意識して，グループで表現を工夫する。**		
	○曲の特徴を捉えて演奏する。 ○二つのグループに分かれて，目指す演奏に近づけるよう，表現を工夫する。 ○聴き役を立てて，演奏する。 ○中間発表を行う。	・前時に確認したことを演奏に生かせるようにする。 ・目指す演奏にふさわしい言葉をクラス全体で確認しておく。 ・学級を二つのグループに分け，どのような演奏にしたいかについて思いや意図をもち，グループで共有する。 ・聴き役の視点を全体で確認する。 ・二つのパートずつ演奏するなど，いろいろなアンサンブルをして，音が合っているか確認し合えるようにする。 ・互いの演奏を聴き，よさやアドバイスを伝え合うようにする。	思
（第4時）	○グループで，音の重なり方や曲の終わり方を工夫しながら演奏する。 ○グループごとに合奏を発表する。	・中間発表で出されたアドバイスを生かしながら，音の重なり方を意識してグループの合奏に取り組む。 ・目指す演奏やグループで共有した表現の工夫について発表し，合奏する。	技 態

6 本時の流れ（3／4時間）

○学習内容　・学習活動	教師の主な発問と子供の状況例	評価規準と評価方法
ねらい：「ラ・クンパルシータ」の曲の特徴を捉え，音の重なり方を感じながら演奏する。		
○曲の特徴を捉えて演奏する。 ・前時に確認したことを思い出し，全体で一度合奏する。	「自分のパートの音を，どのように演奏したらよいか考えながら演奏しましょう」 ・スタッカートは歯切れよく，弾ませて演奏しよう。 ・曲の最後はもっと強く演奏しよう。	
○二つのグループに分かれて，目指す演奏やその演奏に近づけるためにどのような工夫が必要か話し合う。	「Aチームは『息の合った迫力のある演奏』を目指していますね。そのためにどのような工夫をすればいいですか」 ・小太鼓をよく聴いて，音を合わせて演奏しよう。 ・最後のリズムをみんなでそろえよう。	思 発言 演奏 観察 ワークシート
○聴き役を立てて，グループで合奏する。 ・主旋律とリズム伴奏など，楽器の組合せを変えて，音の重なり方を感じながら演奏する。 ・聴き役を立てて，視点に沿ってグループの合奏を聴き合う。	「グループの合奏では，楽器の組み合わせを変えながら，しっかり音が重なっているかどうかチェックして演奏しましょう」 ・小太鼓と木琴だと，リズムがずれるところがあったよ。もう少し音を聴きながら合わせるといいね。 ・鍵盤ハーモニカと小太鼓では，小太鼓の方が音が大きいから，もう少し小さくするといいね。	
○中間発表を行う。 ・演奏の前に，目指す演奏やそのための工夫について伝える。 ・発表の後に，互いの演奏のよさやアドバイスを伝え合う。	「全体を聴いてみて，グループの目指す演奏に近づいてきましたか」 ・迫力のある演奏にするために，最後の音をもっと大きくしてもいいと思う。	

7 授業づくりのポイント

❶ パート譜→スコア譜で楽譜を見やすく，演奏しやすくする

　自分のパートを演奏する際に，教
科書に載っている楽譜を見て，「ど
の音を演奏してよいか分からない」
と戸惑う児童が多く見られます。
「ラ・クンパルシータ」の主旋律は，
鍵盤ハーモニカで演奏されますが，
実際に演奏してみると，音の上がり
下がりが多く，児童は演奏に苦戦し
ていました。

　そこで，パート譜を配布すると，各パートの音に集中して取り組むことができ，スタッカー
トや強弱記号にも気が付きやすくなりました。児童からは「自分のパートが見やすい」「前よ
り演奏しやすくなった」と好評でした。パート譜に慣れたところで，次にスコア譜も使用する
と，各パートの音の重なり方が分かった上で演奏することができるようになりました。

　また，グループ合奏で，各パートの音の重なり方を確認する場面では，グループに一枚ずつ
拡大した楽譜を用意しています。その楽譜を見ながら，気付いたことを全体で共有し，グルー
プ活動が主体的なものになるようにします。

　限られた授業時数の中で，児童が自分の担当する楽器の演奏の仕方を習得し，自信をもって
演奏できるようにするために，児童の実態に合った手立てを考えることが大切です。

❷ 聴き役の視点を明確にする

　グループ全員で，何度も繰り返し合奏をするのではな
く，聴き役を立てて自分たちの演奏を確認していくと，
演奏の質が高まり，主体的な学びにつながります。

　しかし，聴き役のアドバイスが明確でないとグループ
活動が深まりません。「聴き役は何を言っていいのか分
からない」と思う児童もいます。聴き役が思いや意図を
もって発言できるようにするために，教師は事前に聴き
役の視点を提示しておく必要があります。

　「音が合っているか」「全体の音のバランスはよいか」
など，聴く視点を明確にすると，児童はその視点に沿っ
てスムーズに発言できるようになります。

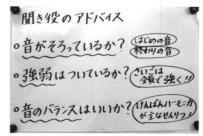

実際に，聴く視点を書いた画用紙を提示したところ，聴き役の児童は，それを頼りに発言したり，演奏を聴いたりしていて，大変有効でした。また，「聴き役をやりたい」と言う児童が増え，グループ活動が活性化していきました。

　このように聴き役の視点を明確にすることは，子供同士の学びを深めることにつながります。

❸ リズム伴奏を聴いて演奏することの大切さに気付く

　本題材の第2時では，「各パートの役割や音の特徴を考え，曲想を感じ取りながら演奏する」というめあてで授業を行いました。その際，小太鼓の担当の児童が決まった段階で，リズム伴奏の役割を全体で確認することが大切です。

　第2時において一度全体で合奏した際に，演奏の始めの合図を小太鼓の児童にお願いしたところ，児童から自然と「小太鼓のリズムが大事」といった声が挙がりました。さらに，「ラ・クンパルシータ」の合奏の中で，リズム伴奏は中心的な役割をもち，どの楽器もリズム伴奏を聴いて合わせることが必要と考え，その後のグループ活動では「小太鼓のリズムをもっと聴いて合わせよう」という声が挙がりました。

　そこで，「主旋律（鍵盤ハーモニカ）と小太鼓」や「低音（キーボード）と小太

鼓」といったパート同士の「音の重なりチェック表」を作成しました。グループ活動の際に，まずは小太鼓と音が合っているかを確認するためのものです。

　聴き役の児童は，二つの楽器の音の重なり方に耳を傾け，聴く視点に沿って「最後のリズムがよく合っていた」「同じリズムで重なるところがずれていた」と発言していました。

　このように，同じ合奏を何度も繰り返し行うのではなく，二つのパートから合わせていくことで，音やリズムが「合っている」ことを感じ取りやすくなり，自分の楽器以外の音にも注目することができます。

　中学年の合奏では，これらの手立てを教師が提示することで，グループ活動の進め方を知り，自分たちで演奏を高めていくことをねらっています。

（芳賀　佳奈子）

いろいろな声で表げんしよう

学年・活動 第3学年・音楽づくり

本題材で扱う学習指導要領の内容

2内容　A表現　(3)音楽づくりア(ア)，イ(ア)，ウ(ア)〔共通事項〕(1)ア
思考・判断のよりどころとなる主な音楽を形づくっている要素：音色，音楽の縦と横との関係（声の重なり方）

1　題材の目標

○いろいろな声の響きやそれらの組合せの特徴について，それらが生み出すよさや面白さと関わらせて気付くとともに，発想を生かした表現をするために必要な，設定した条件に基づいて，即興的に声を選択したり組み合わせたりして表現する技能を身に付ける。

○音色や音楽の縦と横との関係（声の重なり方）を感じ取り，それらの働きが生み出すよさや面白さ，美しさを感じ取りながら，聴き取ったことと感じ取ったこととの関わりについて考え，即興的に表現することを通して，音楽づくりの発想を得る。

○声の響きやそれらの組合せに興味をもち，音楽活動を楽しみながら主体的・協働的に音楽づくりの学習活動に取り組み，ボイスアンサンブルに親しむ。

2　題材の特徴と学習指導要領との関連

❶　声による音楽づくりの特徴

　声は，私たちにとって一番身近な音素材として，音楽づくりで使われます。一定の拍にのり，言葉のもつリズムを大切にして声を重ねるだけで音楽になります。呼びかけとこたえを条件として設定し，「やっほー」「やっほー」や「おーい」「はい」という言葉だけで音楽をつくることもできます。本題材では，拍のない即興的な音楽をつくることを目指し，「あ」という，特に意味をもたない言葉を，様々な音色の声で重ねて音楽づくりをすることにしました。言葉のもつイメージがない方が，より豊かな音楽表現ができるのではないかと考えたからです。

❷　「設定した条件に基づいて，即興的に」表現する学習の位置付け

　音楽づくり分野における「技能」に関する資質・能力として，ウ(ア)に「設定した条件に基づいて，即興的に音を選択したり組み合わせたりして表現する技能を身に付けること」が示されています。「設定した条件」について，低学年では「声や身の回りの様々な音を即興的に選んだりつなげたりする際の約束事」，中学年，高学年では「様々な音を即興的に選択したり組み合わせたりする際の約束事」とされています。

3 主体的・対話的で深い学びの視点による題材構成のポイント

❶ 活動のゴールを思い浮かべる

本題材の導入では，教師が手を1周回す間に，児童が1回「あ」と言う即興的な表現の活動を行いました。これを教師は，「クラス全員で『あ』の音楽をつくったね」と価値付けるのです。児童には，「今度の学習では，こんな音楽をつくるんだ」という活動のゴールを示すことになります。ゴールのイメージが明確になれば，児童は主体的に学べるようになります。

❷ 音楽を形づくっている要素を押さえる

学習において指導すべき音楽を形づくっている要素が，児童がつくった曲の中で，どのように生かされるかということを想定していること，つまり教師が，具体的に「こんな曲がつくられるであろう」という予測をしておくことが大切です。

本題材では，第1時は音色を工夫することに着目して話し合い，第2時は音の重なり方に気を付けて音楽づくりをします。グループの音楽づくりの視点がはっきりすることで，友達と対話的に音楽づくりの学習に取り組むことができるようになります。

❸ グループで活動する意味があるのか，吟味する

本題材では，音（声）の重なり方のよさに気付いてほしいので，グループで音楽づくりに取り組むことにしました。声を出している児童を見れば，今，誰がどんな表現をしているのかは分かりやすいです。また，誰と誰が声を出しているのか，視覚的にもすぐに分かります。しかし，音楽づくりだからといって，何でもグループでの活動にする必要はありません。何のためにグループ活動をするのかを吟味し，教師が必要だと判断した場面で取り入れるようにするとよいでしょう。

4 題材の評価規準

知識・技能	思考・判断・表現	主体的に学習に取り組む態度
知 いろいろな声の響きやそれらの組合せの特徴について，それらが生み出すよさや面白さと関わらせて気付いている。 技 発想を生かした表現をするために必要な，設定した条件に基づいて，即興的に声を選択したり組み合わせたりして表現する技能を身に付けて音楽をつくっている。	思 音色や音楽の縦と横との関係を聴き取り，それらの働きが生み出すよさや面白さ，美しさを感じ取りながら，聴き取ったことと感じ取ったこととの関わりについて考え，即興的に表現することを通して，音楽づくりの発想を得ている。	態 声の響きやそれらの組合せに興味をもち，音楽活動を楽しみながら主体的・協働的に音楽づくりの学習活動に取り組もうとしている。

5 指導と評価の計画（全2時間）

次	○学習内容	指導上の留意事項	評価規準
第一次（第1時）	ねらい：声の出し方を変えたときの音色の違いに気付き，即興的に声の音楽をつくる。		
	○クラス全員で即興的に〈「あ」の音楽〉をつくる。 ①教師が，時計のように腕を1周まわす。 ②その間，自分のタイミングで，児童は「あ」と1回言う。（「あ」という回数を増やしていく） ○グループ（3，4人）で即興的に〈「あ」の音楽〉をつくって，演奏する。 ○グループ（3，4人）でつくった即興的な〈「あ」の音楽〉を聴き合う。	・みんなでつくった音楽をよく聴くように声をかける。 ・児童の様々な「あ」の言い方を発表し，工夫を聴き取ることができるようにする。 　例）低い声，高い声 　　　弱い声，強い声 　　　長く「あーーーーー」 ・「あ」の音色の違いが視覚的に分かるように，文字の大きさや書き方を工夫して板書で提示する。 ・音を重ねて音楽をつくっているグループの発表を聴くことができるようにする。	知
第二次（第2時）	ねらい：音の重なり方のよさに気付き，即興的に声の音楽をつくる。		
	○前時につくったグループの〈「あ」の音楽〉を聴く。 ○音の重なり方に気を付けながら，即興的に声の音楽をつくる。 ○グループでつくった即興的な音楽を発表する。	・前時に，音の重なり方に気を付けて音楽をつくっていたグループの演奏を聴き，本時の学習のめあてをもつ。 ・様々な音の重ね方を図で視覚的に分かりやすく提示する。 ・どのような音の重なり方を用いているかに着目して聴くように声をかける。 ・音の重なり方や声の出し方を工夫して音楽をつくるように，これまでの掲示物を見直す。 ・音の重なり方や音色（声の出し方）の工夫について聴くようにする。	思 技 態

6 本時の流れ（2／2時間）

○学習内容　・学習活動	教師の主な発問と子供の状況例	評価規準と評価方法
ねらい：音の重なり方のよさに気付き，即興的に声の音楽をつくる。		
○前時につくったグループの〈「あ」の音楽〉を聴く。 ・音の重なりを使って音楽づくりをしたグループを取り上げて，演奏を聴く。 ・つくった音楽から聴き取ったことや感じ取ったことについて発表する。	「前回つくった〈「あ」の音楽〉を聴きましょう。Aさんのグループ，どうぞ」 ・いろんな言い方の「あ」が重なっていたね。楽しそう，私もやってみよう。 ・一人ずつ，多くなって「あ」が増えていった。 ・「あ」を言うリズムを変えても，声の高さが同じだと，よく分からないな。声の高さや言い方を変えてみよう。 ・のどをトントン叩きながら「あ」と言っている人がいたね。面白い。	
○音の重なり方に気を付けながら，即興的に声の音楽をつくる。 ・掲示されている音の重なり方の表を参考に，音の重なりに気を付けながら，音楽をつくる。	「音の重なり方を使って，グループで音楽をつくりましょう」 ・一人が「あ」と言い続けていて，その後に一人ずつ「あ」を増やしていこう。 ・みんなで一斉に「あ」と言って，みんなで休んでから，もう一度みんなで「あー」って言おうね。 ・前回の授業でしたように，音の高さを変えないと，みんなの違いが聴こえないね。	思 演奏 観察 ワークシート
○グループでつくった即興的な音楽を発表する。 ・つくった音楽から聴き取ったことや感じ取ったことについて話す。 ・つくった音楽の仕組みと同じ仕組みを使っている音楽に気付くような発言を取り上げる。	「では，みんなの〈「あ」の音楽〉を聴いてみましょう」 ・一人ずつ「あ」が重なっていた。どんどんこちらに迫ってくる感じがした。 ・みんなで一斉に「あ」って言って，みんなで休んでから，また「あ」って言うのは，面白かった。リコーダーの「うんめいだ！」※みたいだね。 ※北村俊彦作曲，二つのパートで演奏するソプラノリコーダーの曲。呼びかけとこたえのフレーズを繰り返し，最後にみんなで旋律を演奏し，盛り上がって終わります。	技 演奏 態 演奏 観察 ワークシート

音楽づくり…3年

7 授業づくりのポイント

❶ 児童のよい表現を手本とする

　本題材では，最初にクラス全体で〈「あ」の音楽〉をつくります。集団で音楽をつくることによって，児童が「これが〈「あ」の音楽〉なんだ」と体感することができます。第1時では，「あ」の声の出し方（音色）に着目します。まず，一人一人の表現をたくさん紹介してください。児童は，教師が思いつかないような表現をたくさんしています。

　そして，第1時の終わりから第2時にかけては，音の重なり方に着目して声の音楽をつくります。教師は，音の重なりを使って音楽をつくっているグループを見つけることを意識して，児童の即興的な演奏を聴きます。教師は，グループの表現を注意深く聴き，お手本になるような表現を児童の中から見付けるように意識します。児童が「私たちの表現って，何かとってもいいみたい！」という気分になれるとよいです。そうすると，児童はどんどんよい表現を工夫して考え，音楽づくりの活動が充実し，楽しくなると思います。

❷ 試行錯誤する時間を大切にする

　音楽づくりは，考えていた表現のようにできなかったときこそが，新たな気付きを得るチャンスです。

　本題材の実践でも，最初に，集団で〈「あ」の音楽〉をつくりましたが，「一周手を回す間に『あ』と1回言ってください」と教師が声をかけたにも関わらず，10回も「あ」と言った児童がいました。他の児童は「先生は，1回って言ったのに」と納得いかない様子でしたが，10回も「あ」を言った児童は「そっちのほうが楽しいじゃん」と言いました。そこで教師から，「何回言ってもいいようにしよう」と言うと，みんなで我先にと声を出すようになりました。ここで教師は，「静かにしましょう」と伝えるのではなく，「もう少しみんなの『あ』の音楽を聴こうよ」と言って，音楽的な表現に着目するようにしました。すると，「声が大きいときと，小さいときがあったほうがいいよ（強弱）」「結局，みんなでわぁっと言っていても同じ声だから，いろんな声を出そうよ（音色）」「みんなで一斉に言うときや，一人で言うときがあるといいね（音の重なり方）」という発言が出るようになったのです。

　みんなが「あれ？」と思う音楽表現の中に，音楽づくりの大きなヒントが隠れているのです。「あれ？」と思う表現を見付けたら，教師は「こんな表現していたよ，やってみない？」と，みんなと音楽表現を共有してください。音楽表現が深まるチャンスになります。

❸ より豊かな音楽をつくるために

　声だけで音楽づくりをするとき，児童は最初に，声を出すタイミングやリズムに着目しますが，声の高さを変えると，完成した「声の音楽」がより豊かになります。また，恥ずかしさから最初になかなか声を出せない場合は，いろいろな「あ」を書いた掲示物を用意して，声を出すきっかけをつくるのもよいと思います。

 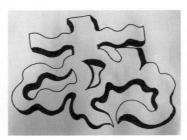 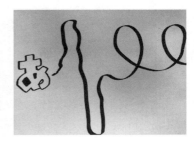

❹ 声だけでつくる音楽づくりの楽しさ

　声だけで音楽をつくるというと「アカペラ」や「ボイスパーカッション」を思い浮かべる方がいるかもしれません。しかし，本題材で行う「声だけの音楽づくり」は，あえて旋律をつくりません。また，拍やリズムを明確にしません。そうなると，教師でも「一体何をするのだろう」と，活動のゴールが見えなくなってしまい，取り組みにくい題材になってしまうことが考えられます。

　そんなときはまず，教師自身が「声の音楽」をつくってみましょう。本題材で行われている「手を時計のように1回まわす間に『あ』と1回言う活動」を，教師同士でやってみてください。また，音楽づくりの教師用研修に積極的に参加するのもよいでしょう。さらに，CD等でボイスコンポジション，ボイスアンサンブルの作品に触れるのもよいと思います。

　声の音楽づくりに取り組んでみると，「これって音楽なんだ！」という気持ちになり，音楽科の学習，とりわけ音楽づくりの学習そのものに対するハードルがぐっと下がります。そして，「私たちにも音楽がつくれた！」という達成感が広がります。「もっとやってみたい」とか「こうすると，もっと素敵になるよ」など，主体的に音楽づくりに取り組もうという気持ちが芽生えてきます。さらに，「あれ？これも音楽なのかな」と日常の生活の音にも，これまでより注意して耳を傾けるようになります。例えば，クーラーは「スースー」という音，掃除機は「ウィーン」という音，トイレでは水が「ジャーゴゴゴ」という音など，身の回りの音を楽しんで聴くようになります。

　声だけの音楽に取り組むことによって，誰もが音楽をつくることができることに気付き，音を聴くことが楽しくなるのです。

（丸山　朱子）

12 わたしたちのおはやしをつくろう

学年・活動 第3学年・音楽づくり

本題材で扱う学習指導要領の内容

２内容　Ａ表現　(3)音楽づくりア(イ)，イ(イ)，ウ(イ)〔共通事項〕(1)ア
思考・判断のよりどころとなる主な音楽を形づくっている要素：リズム，旋律，拍，反復，変化

1 題材の目標

○音やフレーズのつなげ方などの特徴について，それらが生み出すよさや面白さなどと関わら
　せて気付くとともに，思いや意図に合ったお囃子をつくるために必要な技能を身に付ける。
○リズム，旋律，拍，反復，変化を聴き取り，それらの働きが生み出すよさや面白さなどを感
　じ取りながら，聴き取ったことと感じ取ったこととの関わりについて考え，どのようなお囃
　子をつくるかについて思いや意図をもつ。
○お囃子の旋律をつくることに興味をもち，音楽活動を楽しみながら主体的・協働的に音楽づ
　くりの学習活動に取り組み，お囃子の音楽に親しむ。

2 題材の特徴と学習指導要領との関連

❶ 本題材の学習活動「ラドレの音でせんりつづくり」の特徴

　「ラドレの音でせんりつづくり」は，ラ，ド，レの三つの音を使ってお囃子の旋律をつくる
ことを通して，自然に日本の音階の特徴を感じ取ることができる学習活動です。
　本題材では，まず，一人一人が自分の思いや意図をもってお囃子の旋律づくりにチャレンジ
します。次に，個々がつくった旋律をどのようにつなぐか考え，リコーダーで旋律を吹いてい
ろいろ試しながらグループごとにまとまりのある音楽をつくります。最後に，グループでつく
ったお囃子をつなげてクラスオリジナルのお囃子の音楽（○○小囃子）を完成させます。

❷「音を音楽へと構成する」活動の位置付け

　学習指導要領における「音を音楽へと構成する」活動のうち，ア(イ)は「音を音楽へと構成す
ることを通して，どのようにまとまりを意識した音楽をつくるかについて思いや意図をもつこ
と」と示されています。本題材では，どのようなお囃子の音楽にしたいのかを考え，自分の思
いや意図が旋律をつくる活動に生かせるように，つくる過程において，知識や技能を得たり生
かしたりして，リコーダーなどの楽器を用いて音のつながりを確かめながら，音楽づくりの学
習活動に取り組めるようにします。

3 主体的・対話的で深い学びの視点による題材構成のポイント

❶ 指導計画を工夫し，「自分たちのお囃子をつくりたい」という意欲を引き出す

　お祭りの音楽を鑑賞したときに，児童は音楽の雰囲気を感じ取り，楽しい気持ちになったり音楽に合わせて動き出したくなったりします。そして，お囃子で使用される楽器を演奏したり，お囃子のリズムをつくったりする活動を通して，「自分たちのお囃子をつくりたい」という意欲をもつようになります。児童が音楽づくりの活動に意欲をもち，主体的に学習に取り組めるよう，鑑賞や他の表現活動と関連付けた学習の指導計画を立案していくことは大切です。本題材では，題材の指導過程に鑑賞を入れていませんが，前の鑑賞の題材との関連を図っています。

❷ つくった旋律のよさや面白さについて意見を交流する場面や，どのように旋律を組み合わせたらまとまりのある音楽になるかについて話し合う場面を設定する

　つくった旋律を互いに発表し合い，旋律の特徴から感じるよさや面白さについて意見を交流することで，感じ取ったことや気付いたことを共有し，音楽づくりの発想を膨らませることができます。さらに，つくった旋律をどのように組み合わせたらよいかをグループで話し合い，実際に音を出して確かめることで，自分たちの思いや意図を膨らませながら音楽づくりの活動を発展させることができます。

❸ 音楽をつくるよさや面白さを感じ取ることができる指導を工夫する

　お祭りの音楽の鑑賞（既習）を通して感じ取ったことや学んだことを生かし，自分で旋律をつくったり，自分がつくった旋律と友達がつくった旋律をつないで，まとまりのあるお囃子の音楽をつくったりする活動を展開します。音楽づくりの活動を通して，鑑賞で聴き取ったり感じ取ったりした音楽を形づくっている要素とその働きについて，より学びを深めるとともに，音楽をつくるよさや楽しさ，喜びを実感することができます。

4 題材の評価規準

知識・技能	思考・判断・表現	主体的に学習に取り組む態度
知　音やフレーズのつなげ方などの特徴について，それらが生み出すよさや面白さなどと関わらせて気付いている。 技　思いや意図に合った表現をするために必要な，反復や変化などの音楽の仕組みを用いてお囃子をつくる技能を身に付けて音楽をつくっている。	思　リズム，旋律，拍，反復，変化を聴き取り，それらの働きが生み出すよさや面白さなどを感じ取りながら，聴き取ったことと感じ取ったこととの関わりについて考え，どのようにお囃子をつくるかについて思いや意図をもっている。	態　お囃子の旋律をつくることに興味をもち，音楽活動を楽しみながら主体的・協働的に音楽づくりの学習活動に取り組もうとしている。

5 指導と評価の計画（全3時間）

次	○学習内容	指導上の留意事項	評価規準
第一次（第1時）	**ねらい：ラ・ド・レの三つの音でお囃子の旋律づくりをする。** ○指導者による，ラ・ド・レの音を用いた即興的な表現を聴いて，階名で模唱する。 ○三つの音（ラ・ド・レ）を使って旋律リレーをする。 ○「三つの音」と「せんりつをつくるリズム」を使い，2小節の旋律をつくる。 ○つくった旋律を五線譜に書き込む。 ○つくった旋律を発表する。	・クラベス等で拍打ちをしたり，4拍目で「はい」とかけ声を入れたりすることで，拍にのりやすくする。 ・いろいろと試し，自分の思いや意図をもちながら，二〜三つの旋律をつくるように促す。 ・リコーダーを用いてつくるようにする。 ・友達の発表を聴き，それぞれの旋律のよさを見付けるよう促す。	
第二次（第2時）	**ねらい：旋律のつなげ方を工夫し，リズム伴奏を加えて，グループのお囃子をつくる。** ○一人一人がつくった旋律を工夫してつなげ，グループでまとまりのあるお囃子をつくる。 ○各グループ内でつなげた旋律をリコーダーで演奏し，音を確かめる。 ○リズム伴奏と合わせて演奏する。 ○グループでつくったお囃子を発表する。	・モデルとなるグループによるお囃子を聴かせることで，活動のイメージをもてるようにする。 ・どのようにしたらまとまりのある音楽になるのか，話し合ったり，演奏して確かめたりしながら，お囃子づくりをするように促す。 ・それぞれのグループがつくったお囃子のよさに気付けるようにする。	知 思
第三次（第3時）	**ねらい：グループでつくったお囃子をつなげて，クラスのお囃子を完成する。** ○前時につくったお囃子を，どのようにつなげるか話し合う。 ○グループの順番を入れ替えて，様々なパターンで演奏する。 ○リズムや旋律の特徴に着目してグループのお囃子をつなげる。 ○完成した○○小囃子をみんなで演奏する。 ○お囃子づくりを振り返る。	・前時の学習を振り返り，旋律のつなげ方でお囃子の雰囲気が変わることを確認する。 ・それぞれのお囃子のよさを生かすためにはどのように組み合わせたらよいのか意見を交流できるようにする。 ・友達と音を合わせる楽しみや喜びを味わえるようにする。	技 態

6 本時の流れ（2／3時間）

○学習内容　・学習活動	教師の主な発問と子供の状況例	評価規準と評価方法
ねらい：旋律のつなげ方を工夫し，リズム伴奏を加えて，グループのお囃子をつくる。		
○前時の学習を振り返り，本時の学習への見通しをもつ。 ・旋律を聴き，「続く感じ」の旋律か，「終わる感じ」の旋律かについて分類する。 ○本時の目標を確認する。 ・モデル演奏を聴き，旋律のつなげ方を工夫することで，お囃子の雰囲気が変わることに気付く。 ○一人一人の旋律を工夫してつなげ，グループでまとまりのあるお囃子をつくる。 ・どうしたらまとまりのある旋律になるのか，旋律の順番を入れ替えながら旋律づくりをする。 ・旋律をつなげたら，リコーダーで演奏し，音を確かめる。 ・お囃子がつながったら，練習をする。 ○リズム伴奏と合わせて演奏する。 ・完成したお囃子の旋律にリズム伴奏を加え，練習する。 ○グループでつくったお囃子を発表する。 ・どんなお囃子を，どのように工夫してつくったのか，発表してから演奏をする。 ・それぞれのグループのお囃子の工夫したところに注目して演奏を聴き，感想を発表する。 ○学習の振り返りをする。 ・今日の学習で感じたことを発表し，気付きを全体で共有する。	「前の時間に仲間がつくった旋律を紹介します。一緒に演奏しましょう」 ・旋律には「続く感じ」のするものと，「終わる感じ」のするものがある。 「旋律の順番を入れ替えるとどのように雰囲気が変わるか，聴いてみましょう」 ・旋律のつなげ方を工夫すると音楽の雰囲気が変わるね。 「リコーダーで旋律のつながりや音楽のまとまりを確かめながら，お囃子をつくりましょう」 ・真ん中は盛り上がる感じにしたいね。 ・この旋律は「終わる感じ」がするから，最後にしてみよう。 「リズム伴奏に合わせて演奏しましょう」 ・主役はリコーダーの旋律だから，リズム伴奏の打楽器の音量に気を付けよう。 「グループごとにつくったお囃子の発表をします。発表を聴き合いながら，各グループの工夫したところ，よいところ，面白いと感じるところを見付けましょう。」 ・2分音符のゆったりした感じで始まり，盛り上がっていくところが面白かった。 ・「続く感じ」「終わる感じ」の旋律を上手に組み合わせていた。	知 発言 活動観察 ホワイトボードの記述 思 ホワイトボードの記述 発言 活動観察

7 授業づくりのポイント

❶ 音楽づくりの約束事を明確にし，どのように音楽をつくるか見通しをもたせる

　児童が主体的に音楽づくりの活動に取り組むためには，学習のねらいを踏まえて，音楽づくりの活動を行う際の約束事を設定し，児童に対して明確に示すことが大切です。本題材では，第1時で①4分の4拍子，②2小節，③お囃子の旋律，④「せんりつをつくるリズム」からリズムを選ぶ，⑤ラ・ド・レの三つの音を使う，⑥リコーダーで音のつながりを試しながらつくる，第2時で①グループ全員の旋律を使う，②つなげた旋律をリコーダーで演奏しながら確かめる，を約束事として示しました。このことにより，児童は，どのように音楽をつくるか見通しをもつことができ，学習内容への興味を喚起することにつながります。

❷ 旋律カードとホワイトボードを活用する

　第1時でつくった2小節の旋律を，五線譜のカードに記譜します。さらに，それぞれがつくった旋律を記譜したカードを小型のホワイトボードに貼ることで，旋律の特徴を視覚的に捉えやすくし，思いや意図をグループで共有できるようにします。カードの裏面にはマグネットが付いているので，旋律の順番を貼り替えることができます。これにより，児童

は主体的に旋律のつなげ方を工夫し，どのように組み合わせたらよいのか活発に意見の交流ができるようになります。また，ホワイトボードの余白には，どのような工夫をしたかを児童が書き込めるようにすることで，自分たちがどのような思いや意図をもっていたのかを振り返ることができるようにします。

❸ つくった音楽に価値付けをしていく

　児童は，試行錯誤しながら音を音楽へと構成することを通して，どのような音楽にしたいか思いやイメージを膨らませていきます。教師が児童の思いや意図を把握しながら，児童のつくった音楽にしっかりと耳を傾け，そのよさを認め，価値付けていくことはとても大切です。

　さらに，本題材では，つくった旋律やお囃子を発表する際に，思いや工夫したことについて説明する場面を設定します。友達がどのような思いや意図で音楽をつくったかを共有することで，演奏を聴くポイントが明確になります。そして，つくった音楽を互いに聴き合いながら，表現のよさや面白さを認め合うことで，学習内容を振り返り，音楽づくりの楽しさを味わうことができます。

❹ リズム伴奏の楽器を工夫する

　グループでつくったお囃子の旋律にリズム伴奏を重ねることで，児童は拍を感じながら演奏することができます。また，より一層お囃子の雰囲気を味わうことができます。リズム伴奏の楽器には和太鼓の他に鉦（かね）を用意します。鉦を加えることで，児童は音色の違いによる面白さを感じ取ることができるでしょう。

❺ ICT 機器を活用し，児童の思いや意図を共有しやすい環境をつくる

　グループごとにつくったお囃子の旋律を発表する際に，つくった旋律をタブレット機器などで撮影し，画像をテレビやスクリーンに提示します。テレビやスクリーンに提示された楽譜を見ながら友達の発表を聴くことができるので，各グループの工夫を視覚的にも捉えることができ，思いや意図を共有しやすくなります。

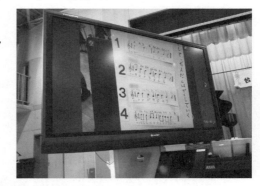

❻ 常時活動を工夫することで音楽づくりの基礎的な技能を高める

　限られた時数の中で，音楽づくりの活動に必要な技能を高めていくために，5〜10分程度の時間で行うことができる常時活動を工夫することは大変有効です。また，常時活動で簡単なリズム遊びをしたり，簡単な旋律づくりをしたりする学習を積み重ねていくことで，音楽づくりに対して苦手意識をもつ児童も，少しずつ音楽をつくる楽しさに気付けるようになります。音楽づくりの活動につながる常時活動の具体例として，次の活動が考えられます。

・リズムの模倣…教師や代表児童が打つリズムを模倣します。
・即興によるリズムリレー…1小節のリズムを即興的に打ち，リズムをつないでいきます。
・旋律の模倣…教師や代表児童が演奏した旋律を模倣します。使う音は限定します。
・即興による旋律リレー…1小節の旋律を即興的に演奏し，旋律をつないでいきます。使う音や音符は限定します。
・旋律しりとり…前の人が演奏した旋律をよく聴き，しりとりのように旋律をつなげていきます。4分の4拍子，使う音や音符は限定し，4拍目は休符にします。

　音楽を形づくっている要素を切り口に，活動のねらいを明確にして取り組むことが大切です。

（酒巻　みどり・梅津　英孝）

13 言葉でリズムアンサンブルをつくろう

学年・活動 第4学年・音楽づくり

本題材で扱う学習指導要領の内容

2内容　A表現　(3)音楽づくりア(イ),　イ(イ),　ウ(イ)　〔共通事項〕(1)ア
思考・判断のよりどころとなる主な音楽を形づくっている要素：リズム，拍，反復，呼びかけとこたえ，変化

1 題材の目標

○言葉のもつ語感を生かしたリズムのつなげ方や重ね方の特徴に気付くとともに，反復や変化などの音楽の仕組みを用いて，リズムアンサンブルをつくる技能を身に付ける。

○リズム，拍，反復，呼びかけとこたえ，変化を聴き取り，聴き取ったことと感じ取ったこととの関わりについて考え，言葉のもつ語感やそれを生かした言葉のリズムの組み合わせ方を工夫し，どのようにまとまりのある音楽をつくるかについて，思いや意図をもつ。

○身近な言葉でリズムアンサンブルをつくる学習に興味をもち，音楽活動を楽しみながら主体的・協働的に音楽づくりの学習活動に取り組み，言葉のリズムに親しむ。

2 題材の特徴と学習指導要領との関連

❶ 本題材で扱う学習活動「言葉でリズムアンサンブル」の特徴

「言葉でリズムアンサンブル」は，音楽の仕組みを生かして言葉のリズムアンサンブルをつくる学習活動です。言葉がもつ語感やリズムの面白さを大切にしながら，友達とリズムをつないだり重ねたりして，まとまりのある音楽をつくります。音楽の仕組み（反復，呼びかけとこたえ，変化）を用いて，どのようにまとまりを意識した音楽をつくるかについて思いや意図をもつことに適した教材と言えます。

❷「音楽の仕組みを用いて，音楽をつくる」学習の位置付け

児童が音楽活動に主体的に取り組めるようにするには，音楽がどのように形づくられているのか，また音楽をどのように形づくっていけばよいのかを学ぶことが重要であり，その鍵となるのが「音楽の仕組み」です。音楽づくりの事項ア(イ)「音を音楽へと構成すること」とは，「音楽の仕組み」を用いながら，音やフレーズを関連付けてまとまりのある音楽にしていくことです。また，ウ(イ)では「音楽の仕組みを用いて，音楽をつくる技能」が位置付けられています。音楽の仕組みに関する学習を充実することは，音楽づくりの学習を効果的に進めることに限らず，音楽の特徴を理解したり，歌唱や器楽の音楽表現を創意工夫したりする上でも大切です。

3 主体的・対話的で深い学びの視点による題材構成のポイント

❶ 一人一人の思いや意図を大切にする

　児童が主体的に音楽活動に取り組むためには，一人一人が表現したい思いや意図をもって，音楽づくりの活動に取り組めるようにすることが必要です。そのためには，音楽をつくる場やつくるための素材の設定が重要になります。本題材では，各グループでテーマを決め，それに合う言葉を，擬音なども含めて自分たちで選ぶことによって，児童は言葉の語感やリズムが生み出すよさや面白さを感じ取り，それを生かして音楽をつくる学習を進めています。そのことによって，「このような音楽を，このように構成してつくりたい」という思いや意図をもち，それを更新しながら活動することで，音楽への関わり方が質的に高まっていきます。

❷ 互いに考えを共有したり認め合ったりする場面を設定する

　音楽づくりの活動において，「対話的な学び」が展開されるためには，互いに考えを共有したりそれぞれの作品のよさを認め合ったりする場の設定が必要です。子供同士で気付いたことや感じたことを共有しながら音楽をつくっていく過程を大切にするために，グループ活動において，音楽科の特質に応じた言語活動を適切に位置付けることで，「対話的な学び」が生まれます。互いに考えを共有したり認め合ったりする場面では，言葉だけではなく，音や音楽を介してコミュニケーションを図ることで，互いの思いや意図が伝わりやすくなります。

❸ 音楽の仕組みを生かしてリズムアンサンブルをつくる

　「深い学び」を実現するためには，児童が学習の質的な高まりや深まりを実感できるよう，教師が児童の学習状況や実態に応じて，指導の手立てを工夫することが大切です。

　音楽の仕組みを生かしてリズムをつないだり重ねたりするよさに気付くことができるように，題材の初めに，音楽の仕組みについて，学級全体で具体的な音楽活動を通してしっかりと確認してからグループ活動に入ることで，「深い学び」を実現することができます。

4 題材の評価規準

知識・技能	思考・判断・表現	主体的に学習に取り組む態度
知　言葉のもつ語感や，それを生かしたりリズムのつなげ方や重ね方の特徴に気付いている。 技　思いや意図に合った表現をするために必要な，反復や変化などの音楽の仕組みを用いて，リズムアンサンブルをつくる技能を身に付けて音楽をつくっている。	思　リズム，拍，反復，呼びかけとこたえ，変化を聴き取り，聴き取ったことと感じ取ったこととの関わりについて考え，言葉のもつ語感やそれを生かした言葉のリズムの組み合わせ方を工夫し，どのようにまとまりのある音楽をつくるかについて，思いや意図をもっている。	態　身近な言葉でリズムアンサンブルをつくる学習に興味をもち，音楽活動を楽しみながら主体的・協働的に音楽づくりの学習活動に取り組もうとしている。

5 指導と評価の計画（全3時間）

次	○学習内容	指導上の留意事項	評価規準
第一次（第1時）	**ねらい**：4文字の言葉のリズムを拡大したり縮小したりして，そのよさに気付くとともに，二つのパートに分かれてリズムアンサンブルを演奏し，音楽の仕組みに気付く。 ○4文字の言葉を集めて言葉のリレーをする。 ○「おまつり」という言葉を例に，4文字の言葉のリズムを拡大したり縮小したりして，下記のア，イ，ウのリズムをつくる。 ア ♪♪♪♪ イ ♩♩♩♩ ウ ♩♩♩♩ ○二つのパートに分かれ，反復，呼びかけとこたえ，変化を使って8小節のリズムアンサンブルをする。 ○反復や呼びかけとこたえ，変化の意味を知る。	・動物や果物といった身近な言葉を素材とし，教師の拍打ちに合わせながら拍にのって言葉のリレーをするようにする。 ・イの4分音符のリズムを基本として，拡大したり縮小したりし，リズムの違いがあることに気付くようにする。 ・黒板に拡大したリズム譜を提示し，全員で演奏しながら，前半はイとアが呼びかけとこたえになっていること，2小節のまとまりの反復になっていること，後半は三つのリズムを組み合わせて変化を付けていることを確認する。 リズム譜 	知
第二次（第2時）	**ねらい**：反復や呼びかけとこたえ，変化を用いて，言葉のリズムアンサンブルを工夫してつくる。 ○野菜をテーマにして，言葉のリレーをする。 ○音楽の仕組みを確認する。 ○グループでテーマを決め，それに合う4文字の言葉を選び，音楽の仕組みを生かしてリズムアンサンブルをつくる。 ○中間発表をする。	・身近な言葉を素材とし，拍にのって言葉のリレーをするようにする。 ・前時の学習を振り返り，反復，呼びかけとこたえ，変化を使ってリズムアンサンブルをつくることを確認する。 ・リズムカードを活用し，8小節のリズムアンサンブルをつくるようにする。 ・互いに聴き合うことで，認め合ったりアドバイスを伝え合ったりするようにする。	思
（第3時）	○グループでリズムアンサンブルをつくる。 ○各グループがつくったリズムアンサンブルを発表し，聴き合う。 ○つくったリズムアンサンブルをつないで演奏し，学級全体でリズムアンサンブルの楽しさを味わう。 ○言葉でリズムアンサンブルをつくった学習を振り返る。	・前時までにつくったリズムアンサンブルをもとに，中間発表でもらったアドバイスを参考にして，再度つくるようにする。 ・反復，呼びかけとこたえ，変化という音楽の仕組みの使い方で，工夫したよい点を見つけて聴くようにする。 ・全員で演奏する共通のリズムを間に挟み，まとまりのある作品になるようにする。 ・何を学んだのか，学んだことのよさを全体で共有し，今後の学習に生かすように導く。	技 態

6 本時の流れ（2／3時間）

○学習内容　・学習活動	教師の主な発問と子供の状況例	評価規準と評価方法
ねらい：反復や呼びかけとこたえ，変化を用いて，言葉のリズムアンサンブルを工夫してつくる。		
○野菜をテーマにして，言葉のリレーをする。 ・4文字の野菜の名前を一人ずつ言って，リレーをする。 ○三つのリズムを確認する。 ・「おまつり」という言葉を三つのリズムで言い，リズムの違いを感じ取る。	「4文字の野菜の名前を言って，みんなでリレーしましょう」 ・にんじん・だいこん・たまねぎ・はくさい 「前の時間に学習した三つのリズムを復習しましょう。言葉は，おまつりです」 ・おまつり　　　♪♪♪♪ ・おまつり　　　♩♩♩♩ ・おーまーつーりー　♩♩♩♩	
○音楽の仕組みを確認する。 ・反復や呼びかけとこたえ，変化について確認する。	「前の時間に学習した音楽の仕組みを確認しましょう」 ・同じリズムを繰り返している。 ・やまびこみたいになっている。 ・途中からリズムが変化している。 ・違うリズムが重なっている。	
○グループで音楽の仕組みを生かしてリズムアンサンブルをつくる。 ・表現したいテーマを考え，それに合う4文字の言葉を三つ選ぶ。 ・言葉の語感に合わせてリズムを決める。 ・リズムを記入したカードを並べたり入れ替えたりしながら，反復や呼びかけとこたえ，変化を使って，8小節のリズムアンサンブルをつくる。	「グループでテーマを決め，テーマに合った言葉を三つ選びましょう。選んだら，言葉をリズムに当てはめましょう」 ・テーマは，「お菓子」にしよう。 ・マカロンは軽くてころころしているから，半分のリズムにしよう。 「音楽の仕組みを使って，8小節のリズムアンサンブルをつくりましょう」 ・最初は，二つのリズムを繰り返してみよう。 ・途中は，半分のリズムだけを使って，やまびこみたいにしてみよう。 ・最後は，三つのリズムを全部重ねてみよう。	思 演奏 観察 ワークシート
○中間発表をする。 ・できたところまでのリズムアンサンブルを発表し，聴き合う。 ・互いのリズムアンサンブルのよさを見つけ，認め合ったりアドバイスを伝え合ったりする。	「できたリズムアンサンブルを演奏し，聴き合いましょう。他のグループのよいところを見つけてみましょう」 ・アとイのリズムが交互に繰り返されていて，よいと思います。	

7 授業づくりのポイント

❶ 児童の思いや意図を大切にしたリズムアンサンブルをつくる

　一人一人の表現したい思いや意図を大切にしたリズムアンサンブルづくりを実現するためには，児童が表現したいテーマを見つけるようにし，進んで活動に取り組むことができるようにします。児童の身近なものをテーマにすることで発想が豊かになり，表現したい音楽が明確になります。

テーマの例）

(1)　動物・・・動く速さでリズムを分ける。
　　ライオン（速い）・・・縮小したリズム
　　ペンギン（基本）・・・基本のリズム
　　ゾウガメ（遅い）・・・拡大したリズム

(2)　花・・・大きさでリズムを分ける。
　　タンポポ（小さい）・・・縮小したリズム
　　アサガオ（基本）・・・・基本のリズム
　　ヒマワリ（大きい）・・・拡大したリズム

(3)　文房具・・・言葉のイメージで分ける。
　　消しゴム（ころころしている）・・縮小
　　えんぴつ（文字を書く感じ）・・・基本
　　ものさし（長い）・・・・・・・・拡大

(4)　給食・・・献立でリズムを分ける。
　　ふりかけ（かけるイメージ）・・・・縮小
　　からあげ（ころころしている）・・・基本
　　あげパン（長い）・・・・・・・・・拡大

　また，オノマトペも効果的です。日本には多くの擬音語や擬態語があります。例えば，「雨」をテーマにし，しとしと，ぱらぱら，ざあざあといった言葉を使ってリズムアンサンブルをつくることもできます。言葉の語感を大切にし，その語感を生かしてどのような音楽をつくりたいか，児童の思いや意図を教師が十分に引き出していくことが大切です。

❷ リズムカードを活用する

　リズムアンサンブルでは，三つのリズム（4拍8小節）を組み合わせて，まとまりのある音楽をつくります。

　そこで，三つのリズムが明確になるように，言葉を記入できる色付きのリズムカードを用意

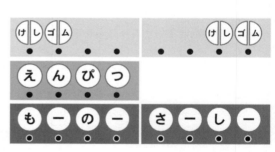

します。半分のリズムや倍のリズムが一目見て分かるように，カードの大きさにも気を付けましょう。児童は，これらのカードを並べたり入れ替えたりしながら，音楽の仕組みを生かして音楽づくりを行います。リズムによってカードの色が異なるため，どこが反復になっているか，または呼びかけとこたえになっているか，音楽の仕組みも見取りやすくなります(次頁参照)。

　このリズムカードの活用は，「技能」に関する資質・能力である，「音楽の仕組みを用いて，音楽をつくる技能」を身に付けることができるようにするための，児童の試行錯誤を助ける有効な手立てとなります。

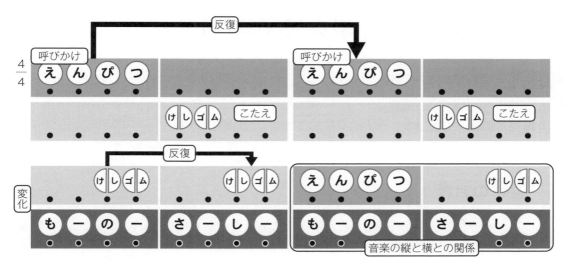

❸ グループ活動に対する適切な指導を工夫する

本題材では，グループでリズムアンサンブルをつくります。そこで，グループ活動の充実が求められます。しかし，適切な支援がなければ，ややもすると，音や音楽から離れた話合い活動になってしまう傾向があります。音楽科の特質に応じた言語活動では，友達と思いや意図を共有するためのコミュニケーションが，言葉だけではなく，音や音楽を介して行われることが重要です。また，グループ活動において，ねらいがぶれないようにするためには，活動する際の視点を明確にすることが重要です。本題材では，「音楽の仕組み」を使ってリズムアンサンブルをつくることがねらいです。つまり，児童がしっかりと「音楽の仕組み」を理解していることが大切です。そのために，グループ活動に入る前に，学級全体で「音楽の仕組み」について学習しておく必要があります。また，グループ用の「音楽の仕組み」カードを用意しておき，つくったリズムアンサンブルに加えて貼ることで，音楽の構造が分かるようにするとよいでしょう。

❹ 本題材の学習と関連付けた常時活動を活用する

本題材では言葉のリズムリレーが中心ですが，日頃から常時活動としてリズム打ちに慣れ親しんでおくことが大切です。学習の導入として，教師が打つリズムをまねたり，日直が決めたリズムをみんなで打ってみたりする活動を取り入れるとよいでしょう。また，黒板に常時リズム表を掲示しておき，様々なリズム・パターンを児童が選べるようにしておくことも手立てとなります。常時

リズム・パターンの例

活動として，教師やリーダーとなる児童が拍打ちし，一定の拍の中でリズムリレーができるようにしておくことで，本題材において，拍にのって演奏することができるようになります。

（神馬　侑子）

14 音階から音楽をつくろう

第4学年・音楽づくり

本題材で扱う学習指導要領の内容

2内容　A表現　(3)音楽づくりア(イ)，イ(イ)，ウ(イ)　〔共通事項〕(1)ア
思考・判断のよりどころとなる主な音楽を形づくっている要素：リズム，旋律，音階

1　題材の目標

○音やフレーズのつなげ方の特徴（音階など）に気付くとともに，思いや意図に合った表現を
するために必要な技能を身に付ける。

○リズム，旋律，音階を聴き取り，それらの働きが生み出すよさや面白さ，美しさを感じ取り
ながら，聴き取ったことと感じ取ったこととの関わりについて考え，どのようにまとまりを
意識した音楽をつくるかについて思いや意図をもつ。

○旋律や歌詞をつくる活動に興味をもち，音楽活動を楽しみながら主体的・協働的に音楽づく
りの学習活動に取り組み，様々な音階に親しむ。

2　題材の特徴と学習指導要領との関連

❶　本題材の特徴

　「音階から音楽をつくろう」では，まず日本古謡「さくらさくら」の音階（都節音階），北海
道民謡「ソーラン節」の音階（民謡音階），「沖永良部の子守歌」の音階（沖縄音階）と三つの
音階を示します。それぞれの音階のもつ雰囲気やよさに触れ，それらの音階を用いて自分で旋
律をつくり，旋律をつなげたり伴奏を重ねたりしながら，自分たちのアイデアで新たに音楽を
つくります。自分たちでつくった音楽のよさや面白さを伝え合う活動を設定することにも適し
ています。

❷　「音を音楽へと構成する」学習の位置付け

　「音を音楽へと構成」するとは，「音楽の仕組み」を用いながら，思いや意図をもち，音やフ
レーズを関連付けてまとまりのある音楽にしていくことです。ア，イ，ウの各事項(イ)の学習が
対応します。実際の指導の際は，音楽をつくっていく過程で思いや意図を伝え合うことと，実
際に音で試すこととを繰り返しながら表現を工夫し，思いや意図を膨らませるように促すこと
が求められています。児童が思いや意図をもって，音楽づくりの活動に取り組むことによって
表現が高まったことを価値付け，全体で共有しながら自分たちの表現に生かすように導くこと
も教師の大切な役割です。

3 主体的・対話的で深い学びの視点による題材構成のポイント

❶ 音楽的なよさを価値付けながら授業を展開する

　音楽づくりの活動の際には，経験の少なさから自信をもって活動できない児童が見られます。主体的に自信をもって活動する児童を育成するには，授業の中で児童の気付きや発見を教師が積極的に取り上げ，価値付けていくことが大切です。その際には，具体的に何がよかったのかが伝わるような声かけが重要になります。例えば「ミソラシ - ミソラシ - レミレシ - ラソレミ」という旋律を児童がつくった場合，「同じ音のつながりの繰り返しがあるね」「始めと終わりの音が一緒だね」などと声をかけ，旋律にどのような音楽的な価値があるのかを理解させるとともに，他の児童も模倣しやすいように共有しながら進めていくことが大切です。

❷ 音楽を通して言語活動の充実を図る

　対話的な学びを実現するためには，自分の考えを伝える場面を設定する必要があります。その際には，実際の演奏やワークシートに記載した内容を基にして，自分が何を意図して旋律をつくったかを相手に伝えることが大切です。伝え合いの活動を通して，自らの考えを再認識すると共に他の児童の考えを聴くことで，新たなアイデアを得ることもできます。「旋律の最後の部分の音が高くなるようにつくった」「旋律の真ん中の部分が盛り上がるように音を高くしてリズムも細かくした」のように，具体的に伝え合いができることが望ましいです。

❸ 旋律の音楽的価値をさらに高めるための工夫をする

　音楽づくりの学習では，ともするとつくっただけで終わってしまうこともあります。そのため，深い学びの実現を目指して，つくった旋律を見直すとともに音楽的な価値をより高めていくことが大切になります。例えば，「言葉の発音に合うように音程を工夫した」，「小さい"つ"のところは音を短く切った」，「"シール"のように伸ばす言葉は，音を長くした」などのように，言葉の発音や抑揚と歌詞との結び付きを意識するようにするなどです。

4 題材の評価規準

知識・技能	思考・判断・表現	主体的に学習に取り組む態度
知 音やフレーズのつなげ方の特徴について，それらが生み出すよさや面白さなどと関わらせて気付いている。 技 思いや意図にあった表現をするために必要な，音楽の仕組みを用いて，旋律をつくる技能を身に付けて音楽をつくっている。	思 リズム，旋律，音階を聴き取り，それらの働きが生み出すよさや面白さ，美しさを感じ取りながら，聴き取ったことと感じ取ったこととの関わりについて考え，どのようにまとまりを意識した音楽をつくるかについて思いや意図をもっている。	態 旋律や歌詞をつくる活動に興味をもち，音楽活動を楽しみながら主体的・協働的に音楽づくりの学習活動に取り組もうとしている。

5 指導と評価の計画（全3時間）

次	○学習内容	指導上の留意事項	評価規準
第一次（第1時）	ねらい：日本の音階や旋律をつくる活動に親しむ。		
	○CMソングから，旋律づくりに興味をもつ。 ○様々な日本の音階の特徴に気付く。 （都節音階，民謡音階，沖縄音階） ○教師のつくった作品を聴き，学習の見通しをもつ。 ○音階遊びをする。	・記憶に残っているCMソングがあるかどうかを問いかけ，旋律づくりへの興味を促す。 ・日本の音階で旋律づくりをすることを伝え，クイズ形式で，それぞれの音階を構成する音や音階の雰囲気を確認したり，どのような曲で使われているかに気付いたりできるようにする。また，自分の気に入った音階を一つ選ぶ。 ・教師の作品を通して，音階の構成音から音を選択していけば旋律をつくることができることを伝える。 ・鍵盤ハーモニカに自分が選択した音階の構成音だけシールを貼り，無作為に音をつなげる。同じ音階のグループで一人1小節演奏し，旋律リレーをする。	知
第二次（第2時）	ねらい：旋律をつくる活動に見通しをもって取り組み，表現を工夫する。		
	○旋律の歌詞を決める。 ○歌詞に音程を付ける。 ○歌詞のリズムや発音，抑揚と旋律が合っているかを確認する。 ○友達の作品を聴く。	・学校に関する内容を歌詞とし，4小節に8〜16文字で考えていくことを伝える。 ・終わりの音を全体で確認し，歌詞に合わせて音程を選んでいくようにする。 ・歌詞が完成したら，言葉の発音と旋律が合っているかを確認するようにする。 ・自分以外の作品を聴き，友達や自分の作品のよさを知り，自分の表現したかったことが音楽を通して伝えられているかを確認する。	
（第3時）	○旋律をつなげて演奏する。 ○2グループでミニ発表会をする。 ○グループごとに発表し，互いの表現のよさを共有する。	・6人で1グループになり，リレー形式で旋律をつなげて演奏する。 ・つなげた演奏を他のグループと聴き合い，リハーサルをする。 ・グループごとに発表会をする。全体で互いの演奏を聴くことで，互いのよさを認め，自分の新たな視野を広げる。	技 思 態

6 本時の流れ（1／3時間）

○学習内容　・学習活動	教師の主な発問と子供の状況例	評価規準と評価方法
ねらい：日本の音階や旋律をつくる活動に親しむ。		
○CMソングから，旋律づくりへの興味をもつ。 ○音階を使って，4小節の作品をつくることを知る。	「覚えているCMソングを教えて下さい」 「いつもの音階と比べて足りない音があります。それは何の音でしょうか」 ・（都節音階の場合）レ，ソがない。	
○音階のもつ雰囲気や階名を知る。 ・音階のクイズをする。 （都節音階，民謡音階，沖縄音階） ・それぞれの音階のもつ雰囲気をワークシートに書く。 ・どんな曲に音階が使われているかを記入する。（関連曲）	「レ，ソがないと，いつもとどのように雰囲気が異なりますか」 ・（それぞれの音階について）和風な感じ，沖縄県の音楽のような感じがする。 「皆さんが知っている曲がこの音階の中に隠れています。どの曲にどの音階が使われているでしょうか。」 ・「さくら」や「ソーラン節」，「子守歌」など教科書で扱われている曲と音階はつながっているんだね。	知 発言 ワークシート
○旋律のつくり方の手順を知る。 ○旋律づくりの遊びをする。	「先生も作品をつくってみましたが，この音の中から選んだだけなのです」 「使う音にだけ鍵盤ハーモニカにシールを貼ると分かりやすいですよ。シールの貼ってある音だけをつなぎ合わせて一人1小節でリレー形式で演奏してみましょう」 例）「ミソラ ラソ」 　　「ミソ ラシ ラ」 　　「ラソミ レミ」 　　「レミソラ シ」（半角は8分音符）	

7 授業づくりのポイント

❶ 導入を工夫する

　導入の段階で，日本の音階に興味をもつことができるように，長音階と日本の音階の違いをクイズ形式で提示しました。どの構成音が抜けているかを楽しく考えながら，全体で音階を構成している音を確認することができました。児童が楽しく音楽づくりの活動に参加するきっかけとして，また本学習における基礎的な知識の確認として，題材との出会いを大切にしました。

❷ 既習を生かし，学習の見通しがもてるワークシートを準備する

　　1．都節音階
　（ミ，ファ，ラ，シ，ド，ミ）
　　2．民謡音階
　（ミ，ソ，ラ，シ，レ，ミ）
　　3．沖縄音階
　（ド，ミ，ファ，ソ，シ，ド）
　ワークシートにそれぞれの
音階のもつ雰囲気を記載し，
これまでに学習した曲が音階

音階の種類	音階	どんな感じがした？
1 みやこぶし		さくらに似ている / 和風，少し悲しい感じ
2 民よう		ソーラン節に似ている / 昔の感じ，古い感じ
3 おきなわ		沖縄の音楽に似ている / 明るい，陽気な感じ

3．音階が違うとどんな感じがしたかな？

の中から見付けられるように教師がピアノで音階の音を弾きながら，どの曲でどの音階が用いられていたのかを確認しました。教師のサンプルを聴くことでどのように作曲したのかを具体的に理解することができ，

ぜんこう　なかよし　すてきな　さかえ

教師のサンプル（沖縄音階）

学習の見通しをもつことができるように配慮しました。また，旋律をつくることができても，記譜することができないために，活動が停滞することのないように，音階についてはカタカナで記譜をし，記録の方法として長く伸ばしたいところや短くしたいところは「ー」や「っ」などのように言葉を使って表すように伝えました。

　旋律が完成した児童には，さらに旋律を工夫するように促しました。その際に，音程やリズム，音の高さ，合いの手，間などを工夫することによって，既習事項を生かすことができました。

わっしょい！　どっこい！

みんなでなかよく　　かかわるさかえしょう　〜

児童のつくった旋律の例（民謡音階）

❸ スモールステップで学習指導する

　旋律づくりの遊びは，その後の展開を円滑に進めるために重要であると考えました。本題材では，鍵盤ハーモニカのシールが貼ってある音の中から無作為に音を選ぶことを体験し，様々な音の組合せを即興的に楽しめるようにしました。また，鍵盤ハーモニカの使用する音だけにシールを貼り，読譜がスムーズにできないために活動が停滞することのないように配慮しました。

例）「ﾐﾌｧﾌｧﾗｼ」「ﾐﾌｧﾗｼﾗ」「ｼﾗﾌｧﾐﾌｧ」「ﾐﾌｧﾗｼﾄﾞ」

シールを貼った鍵盤ハーモニカ（都節音階の場合）

❹ 学習形態を選択する

　音楽づくりの学習では，活動に適した活動人数を考えていくことも大切です。個で旋律をつくる場面，伝え合いをしながら自分の演奏を確認する場面，グループで発表に向けて活動する場面など，児童の思考が活発になり，より良い音楽につながるよう学習形態を選択しましょう。

2、栄小を紹介するリズムを決めよう！！			
言葉			
せいとが	たくさん	げんきな	さかえっこ
音てい			
ド－ソソミ	ミミレラ－	ドレミファ	シソシッド

❺ 発表の仕方を工夫する

　発表の際は，グループのメンバーの作品をつなげて演奏しました。旋律をつくった本人は鍵盤ハーモニカで演奏し，グループのメンバーが歌詞を歌うようにすることで，グループやクラスで作品を共有することができました。

　また，演奏の際には事前に伴奏形を4種類の中から1種類選択し，教師のピアノ伴奏で演奏するようにしました。

　　　　　　　　　　　　　　　（杉田　起子）

音のとくちょうを生かして打楽器の音楽をつくろう

本題材で扱う学習指導要領の内容

2内容　A 表現　(3)音楽づくりア(イ)，イ(イ)，ウ(イ)〔共通事項〕(1)ア
思考・判断のよりどころとなる主な音楽を形づくっている要素：音色，強弱，音楽の縦と横との関係

1　題材の目標

○いろいろな打楽器の音の響きや，それらを組み合わせた音のつなげ方や重ね方の特徴に気付くとともに，音楽の仕組みを用いて音楽をつくる技能を身に付ける。

○楽器の音色，強弱，音楽の縦と横との関係を聴き取り，聴き取ったことと感じ取ったこととの関わりについて考え，どのようにまとまりを意識した音楽をつくるかについて思いや意図をもつ。

○楽器の音の響き，及びそれらを組み合わせた音のつなげ方や重ね方に興味をもち，音楽活動を楽しみながら主体的・協働的に音楽づくりの学習活動に取り組む。

2　題材の特徴と学習指導要領との関連

❶ 指導と評価の重点　活動間のつながり

　第一次（第1時）では「即興的に表現する」活動，第二次（第2時・3時）では「音を音楽へと構成する」活動を中心として展開します。指導と評価については，第二次の事項，ア(イ)，イ(イ)，ウ(イ)のまとまりに重心を置いて行いますが，本題材では，第一次ア(ア)，イ(ア)，ウ(ア)の「即興的に表現」する活動が，第二次の学習に効果的に働くように構成されています。

　例えば，あらかじめ示されたリズム譜を演奏するのではなく，図（下部の資料参照）を楽譜に見立てた場合にどんな表現ができるか考え，即興的に打楽器の音や響きを選択したり組み合わせたりしながら表現する活動を取り上げます。そこで得た強弱の付け方や音の伸ばし方等について，どうすれば自分が思った音や響きが表現できるのか考え，音色を重視した打楽器アンサンブルをつくる活動を展開します。

資料　楽譜に見立てた図

何かの要素が急に増大・減少

何かの要素が徐々に増大・減少

何かの要素が連続・断続して増減

3 主体的・対話的で深い学びの視点による題材構成のポイント

❶ 即興的な音楽表現の場を確保する

　児童の主体的な活動のためには，自分の考えを音で確かめ，学習の見通しをもたせることが必要です。提示された図を音で表すためにどの要素に着目して表現するか，楽器の音色，強弱などを操作することに十分親しみ，音楽づくりの発想をもてるようにしたいところです。常時活動や導入の場面で，即興的な音楽表現を繰り返していくことで，漠然とした考えから導き出したものを音として確認し，グループでの音楽づくりにつなげていくようにします。

❷ 友達と表現している様子を見合ったり，演奏し合ったりする場を設定する

　即興的な表現の場では，お互いの音楽表現の価値を児童同士が認め合えるようにしていくことが必要です。それは，少人数で音楽づくりの話合いをさせることだけでなく，一斉の活動の中でも可能です。お互いが見合えるように並んで演奏し合ったり，自分と似たような表現をしている友達を探したりするような活動を適宜行うことで，言葉だけでなく，音や音楽を介したコミュニケーションが図られ，対話的な学びが充実していきます。

❸ 具体的な児童の姿を拾い上げて，全体へ広めることを重視する

　音楽づくりの活動では，児童が意図せず面白い表現をしていることがあります。そんな表現を学級全体で共有し広めていきたいところです。しかし，音楽は形に残らず，児童の考えもはっきりしていないことが多いので，その場限りになってしまうことがあります。そこで，音楽表現の価値を明らかにして全体へ広めていくために，児童の具体的な表現の姿を捉えて，音楽を形づくっている要素と関連付けることが重要です。何を工夫したのか，どのようなところが面白かったのかについて，児童の考えを聞き出したり教師の意見を伝えたりすることで，活動のねらいに向かって学びを深めていくようにします。

4 題材の評価規準

知識・技能	思考・判断・表現	主体的に学習に取り組む態度
知 いろいろな打楽器の音の響きや，それらを組み合わせた音のつなげ方や重ね方の特徴について気付いている。 技 思いや意図に合った表現をするために必要な，音楽の縦と横との関係を用いて，音楽をつくる技能を身に付けて音楽をつくっている。	思 楽器の音色，強弱，音楽の縦と横との関係を聴き取り，それらの働きが生み出すよさを感じながら，聴き取ったことと感じ取ったこととの関わりについて考え，楽器の音や音の重ね方を工夫し，どのようにまとまりを意識した音楽をつくるかについて思いや意図をもっている。	態 楽器の音の響き，及びそれらを組み合わせた音のつなげ方や重ね方に興味をもち，音楽活動を楽しみながら主体的・協働的に音楽づくりの学習活動に取り組もうとしている。

5 指導と評価の計画（全3時間）

次	○学習内容	指導上の留意事項	評価規準
第一次（第1時）	**ねらい：打楽器の材質や演奏の仕方の違いを生かして，即興的な表現を楽しむ。**		
	○自分の選んだ楽器で自由に演奏しながら，音色や音の長さ等に親しむ。	・楽器の材質や音の特徴から木，金属，皮，ジャラ（シェーカーやタンブリン等の細かい音色の楽器）の4種類に分けて選ばせる。 ・同じ材質の楽器だけを重ねる，音の長さの異なる楽器を重ねる等，様々な組合せを指定して表現させ，材質，音の高さや長さについて感じ取らせる。	
	○図を手がかりに，表現の方法を考えて友達とつなげたり合わせたりする。 ○図をつなげて表現をリレーする。	・丸や曲線等の図を示し，強弱や楽器の演奏の仕方等を工夫して音の出し方を試行錯誤できるようにする。 ・児童の特徴的な表現を，具体的な姿で捉え，音楽を形づくっている要素と関連付けて示し，全体で共有を図る。	
第二次（第2時）	**ねらい：楽器の音の組み合わせ方，音の重ね方を生かして，グループの音楽をつくる。**		
	○様々な音の組み合わせ方を確かめる。	・材質，音の高さ，音の長さについて様々に試せるように，前時を振り返り特徴的な組み合わせ方は全体で共有する。	知
	○グループで使う楽器を決め，音のつなげ方や重ね方を考えて音楽をつくる。	・3〜4人でグループを組ませ，材質や音の高さを考慮して楽器を選ばせる。 ・必要に応じて，図を示したカードを全種類使うこと等の条件を与えて活動させる。 ・強弱，音の高さや長さに関わる部分で具体的に価値付けし，活動の方向性を助言したり他のグループの参考にさせたりする。	
	○中間発表をする。	・グループで考えたことを発表して，演奏する。	思
（第3時）	○グループごとに始まり方と終わり方を考え，まとまりを意識した音楽をつくる。	・図を示したカードを用いて，始まり方や終わり方の例示をする。 ・グループを見て回り，どんな音楽にしようとしているのか等の考えを聞き出して，活動の方向性について助言する。	技
	○グループごとにつくった作品を発表し，よさを認め合う。	・児童の演奏の様子を具体的に捉えて，強弱や音の長さ等で整理して価値付ける。	態

6 本時の流れ（2／3時間）

○学習内容　・学習活動	教師の主な発問と子供の状況例	評価規準と評価方法
ねらい：楽器の音色やいろいろな演奏の仕方を生かして，グループの音楽をつくる。		
○図を手がかりにしてどのような表現ができそうか，楽器の音色や演奏の仕方を様々に試して学習の見通しをもつ。 ・自分の選んだ楽器で様々な音の出し方を試す。 ・友達の演奏を見たり聴いたりしながら，似ている音や異なる特徴の音を探す。	「音をのばしたり短く切ったりする方法が見付かるでしょうか。他にも，面白い演奏方法が見付かったら試してみましょう」 ・トライアングルは長い音が出るけど，握ると短く音が切れるな。 ・フレームドラムは音の大きさが変えやすいなあ。 ・強弱だけじゃなくて，楽器を打つ細かさを変えることもできそうだな。	知 演奏の様子 発言
○音楽づくりの条件を知る。	「グループで楽器を選んで音楽をつくります。30秒以上1分以内で，楽器の音色や演奏の仕方を生かして，まとまりのある音楽をつくりましょう」	
○グループで使う楽器を決め，音のつなげ方や重ね方を考えて音楽をつくる。 ・楽器の材質，音の高さや長さ等を考えて楽器を選ぶ。 ・図を示したマグネットを並べ替えながら演奏を試す。 ・他のグループの演奏を聴いたり，教師の助言を聴いたりして，どんな音楽になりそうか活動の見通しをもつ。	「同じ楽器，材質で集めるか，まったく特徴の違うものを集めるか，グループで決めましょう。演奏の仕方は図をホワイトボード上で並べ替えて試してみましょう」 ・トライアングルとカウベルを使って金属の音楽にしよう。長い音も短い音も混ぜられるといいね。 ・フレームドラムだけの音楽にしようか。低い音と高い音が混ざれば派手な感じになると思う。 ・ウッドブロックの二つの音を組み合わせたいな。ボンゴも使って，2種類の音の高さで音楽をつくろう。	
○中間発表をする。 ・どんな音を目立たせようとしたかなど，グループで考えたことを発表して演奏する。 ・他のグループの発表を聴き，どのような工夫ができそうか考える。	「どんな特徴の音楽になりそうですか。次に試してみたいことは何ですか」 ・音の長さが違うと面白い重ね方ができるけれど，音の終わりがよく分からないな。 ・短い音ばかりでも楽しい音楽になるな。目立たせる音を決めた方がよさそうだ。	思 演奏の様子 発言 ホワイトボード上の記述

音楽づくり・・・・4年

7 授業づくりのポイント

❶ 即興的な表現の場を充実させる

　常時活動とも関連させて，児童が打楽器を使ってのびのびと自分のアイデアを試す場を十分に確保したいところです。打楽器の優れているところは，手軽に音が出せる点と演奏の仕方によって様々な音が出せる点です。楽器への苦手意識のある児童でも，表現していくうちに自分のアイデアを試すようになっていきます。その際には，教師はなるべく児童の様子を見守り，特徴的な演奏は具体的な姿で即時的に価値付けしていきましょう。意外な児童がめあてに合った演奏をしていることがあります。そんな姿を見逃さずに。

　また，内容的にも充実させることが大切です。互いに見合って演奏を参考にしたりつなげたりできるよう，円形状になり，教師が中に入って活動を促したり表現を見取ったりします。楽器の素材や演奏の仕方，音の組み合わせ方を感じ取れるように演奏者を限定したり，図を示してどの要素に着目して演奏しているかを具体的な姿で捉えたりするなど，児童の活動を支援して気付きを促すことが教師の大切な役割です。

> 例）
> ・同じ素材の楽器だけで演奏する
> ・音の長さが異なる楽器を重ねる
> ・自分と同じような演奏をしている友達を探す
> ・前の人の音が終わったと思ったら演奏を始めるリレーをする
> ・友達の面白そうな演奏方法をまねして演奏を試す

❷ 打楽器は材質や音の高さの異なるものを複数用意する

　材質や音の特徴から木，金属，皮，ジャラ（シェーカー，タンブリン等のジャラジャラした音の楽器）の4種類で示し，それぞれ高さの異なる楽器を選択できるようにします。児童が使い慣れた楽器であっても，音色や演奏の仕方などの視点を与えることで新たな発見をしながら表現するようになります。例えば，トライアングルのクローズ奏法（ミュートをかける）や，ビーター（金属の棒）の太さや打つ場所で音が変わること等を知ると，他の楽器でも皮の部分に触れて打ったりマレットを変えたりと，新しい知識を取り入れて表現するようになっていきます。

使用楽器の例

❸ 基本的に「だめ」がない活動にする

　児童が表現を試す場では，楽器に負担のない範囲であれば，様々な音の表現を楽しんでほしいところです。ここで楽器の演奏の仕方やリズムについて細かく指導すれば，のびのびとした表現につながりません。正しい構え方やリズム譜の再現性からは少し離れながら，楽器に負担の無い範囲で様々に音の出し方を試すようにすると，主体的な学びにつながります。

❹ 図形から音の特徴を生かした音楽表現の発想を得られるようにする

　本題材では，拍節やリズム譜に捉われすぎず，楽器の音色や演奏の仕方を考えられるように，「図を示したカードを楽譜に見立てたら，どんな演奏ができそうか考える活動」を取り入れました。児童は，〇の大きさや直線や曲線の動き等を見て，強弱，音の高さ，楽器を打つ間隔の細かさ等に着目して表現し始めます。ここで示すカードは，あくまでも児童の発想を引き出す手段として提示し，生まれてきた表現については，音楽を形づくっている要素で具体的に整理しておくことが重要です。そうすることで，児童の知識として蓄積され，自分たちの音楽づくりの場面で使われたり教師が想起させやすくなったりしていきます。

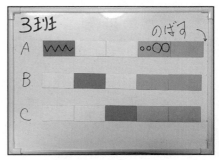

児童のホワイトボード譜の例

　また，導入や常時活動で使った図は，そのまま色分けをして音楽づくりで使います。ジグザグが赤，螺旋は緑というように色分けをしておくことで，マグネットシートを使ってホワイトボード上でつなげたり重ねたりできます。そうすることで，複雑な操作を必要とせず，「こんな表現をしたい」と図を選択してつなげたり重ねたりすることができます。

　そして，並べたマグネットは，そのまま楽譜に見立てて使います。記録が残っていることで，次時以降の再現性がある程度確保できます。しかし，前時と変わってしまったところがあっても構わないというスタンスで活動を進めることが大切です。知識を体感的に蓄えさせながら，自由度が確保されることで，児童に対話が生まれ，主体的な学びへとつながっていきます。児童が自分たちの気付いたことや感じ取ったことを，積極的に音楽づくりに取り入れられるようにしましょう。

❺ 具体的な姿に具体的な言葉かけで価値付けする

　音楽づくりの活動には，児童が本題材に至るまでにどんなことを習得してきたかということや，題材の中でどんなことを学んできたかという内容，つまり，学びの質が表れます。しかし児童は，そのことに無自覚なことも多く，そのまま忘れられていくことがあります。教師がきちんと拾い上げて学びにつなげていきたいところです。

　そのために教師は，題材や授業，各活動のねらいを明確にしておくことが大切です。「今は音の強さを変えたんだね」「楽器を打つ間隔が細かくなったのが分かったよ」等，具体的な姿をその場その場で拾い上げて，音楽を形づくっている要素と結び付けていくことが，児童の音楽表現を価値付けていることになるのです。そして，その姿は児童の考えから発した姿であることも大切です。児童の「やってみたい」を大切にして，児童も教師も楽しみながら学びを深めていってほしいと思います。

（山本　陽）

16 いろいろな音のひびきをかんじとろう

学年・活動 第3学年・鑑賞　**主な教材**「トランペットふきの休日」「アレグロ」

本題材で扱う学習指導要領の内容

2内容　B鑑賞　(1)鑑賞ア，イ　〔共通事項〕(1)ア

思考・判断のよりどころとなる主な音楽を形づくっている要素：音色，旋律，反復，変化

1　題材の目標

○「トランペットふきの休日」の曲想及びその変化と，音楽の構造との関わりについて気付く。

○「トランペットふきの休日」の音色，旋律，反復，変化を聴き取り，それらの働きが生み出すよさや面白さ，美しさを感じ取りながら，聴き取ったことと感じ取ったこととの関わりについて考え，曲や演奏のよさなどを見いだし，曲全体を味わって聴く。

○「トランペットふきの休日」の音楽の特徴に興味をもち，音楽活動を楽しみながら主体的・協働的に鑑賞の学習活動に取り組む。

2　題材の特徴と学習指導要領との関連

❶ 本題材で扱う教材「トランペットふきの休日」「アレグロ」の特徴

　「トランペットふきの休日」は，ルロイ・アンダーソンが作曲した管弦楽曲で，活気のあるテンポの速い曲です。軍隊のラッパ吹きが，「休みの日くらい思う存分自由に吹きたい」という気持ちを曲にしたもので，3本のトランペットによる主題で始まります。中間部は，全ての楽器が同じ旋律を演奏します。そして主題が再現された後，華やかなファンファーレで締め括られます。

　「アレグロ」は，モーツァルトの作品で，「12の二重奏曲」の第8曲です。2本のホルンで演奏され，柔らかい音色と反復が多い旋律が特徴です。

❷ 鑑賞における知識の位置付け

　鑑賞領域における「知識」に関わる資質・能力として，中学年では「曲想及びその変化と，音楽の構造との関わりについて気付くこと」と示されています。本題材で扱う「トランペットふきの休日」においては，曲想及びその変化と，音楽の構造との関わりについて，児童が自ら気付くように，指導を工夫します。児童から「この曲は，追いかけっこをしているような感じがしました。それはトランペットとそれ以外の楽器が代わる代わる聴こえてくるからです」というような振り返りが見られる指導を目指していきます。

3 主体的・対話的で深い学びの視点による題材構成のポイント

❶ 体で表現し，それを糸口に対話を通して共有する場を設定する

　鑑賞において，主体的な学びの視点で授業改善を進めるためには，曲を漠然と聴かせるのではなく，児童が，曲の雰囲気やその変化に気付けるような指導を工夫することが重要です。例えば，旋律に合わせて感じたまま楽器を演奏するまねをしたり，体を旋律に合わせて自由に動かしたり，主旋律を口ずさんだりする学習活動が考えられます。そこを糸口にしながら，聴き取ったことと感じ取ったこととの関わりについて考えることが大切です。このような学習を支えとしながら，教師が児童の表現から根拠を問うことで，曲の特徴への気付きを促したり，曲のよさなどを見いだしたりする学習が充実していくのです。

❷ 旋律を図形楽譜で表すことで，それを糸口に対話を通して共有する場を設定する

　対話的な学びを実現するためには，児童の考えを共有できる手立てを工夫することが大切です。教師が冒頭の特徴的な旋律を図形楽譜に表し，児童が続きの旋律を図形楽譜で表現します。図示することで，個々の児童が表した形や線の流れ（上がり下がり）を通して，感じ取ったことと，それらの根拠となる聴き取ったこととをつなげながら，児童が曲の特徴への気付きを深めていきます。このように音楽の構造を可視化する場を設定することにより，音や音楽及び言葉によるコミュニケーションを図りながら，豊かに音楽と関わることができるのです。

❸ 他の金管楽器の音色や旋律と比べることで，新たな曲のよさや特徴を見いだす

　鑑賞の学習で深い学びを実現するために，他の金管楽器（ホルン）の曲で曲想の違う「アレグロ」を扱い，比較します。同じ金管楽器でも，音色の違う対照的な旋律の2曲を比較しながら鑑賞することで，児童は音楽的な見方・考え方を働かせ，「トランペットふきの休日」の演奏や曲の新たなよさについて，曲想と音楽の構造との関わりなどと関連させながら捉え直すことができます。このような活動は，深い学びの実現に向けて有効な手立てです。

4 題材の評価規準

知識・技能	思考・判断・表現	主体的に学習に取り組む態度
知 「トランペットふきの休日」の曲想及びその変化と，音楽の構造との関わりについて気付いている。	思 「トランペットふきの休日」の音色，旋律，反復，変化を聴き取り，それらの働きが生み出すよさや面白さ，美しさを感じ取りながら，聴き取ったことと感じ取ったこととの関わりについて考え，曲や演奏のよさなどを見いだし，曲全体を味わって聴いている。	態 「トランペットふきの休日」の音楽の特徴に興味をもち，音楽活動を楽しみながら主体的・協働的に鑑賞の学習活動に取り組もうとしている。

5 指導と評価の計画（全2時間）

次	○学習内容	指導上の留意事項	評価規準
第一次（第1時）	**ねらい**：「トランペットふきの休日」を聴き，トランペットの音色の特徴を捉え，曲想及びその変化との関わりについて気付く。		
	○トランペットについて知っていることや，音色について捉える。	・実際に楽器を見せて，トランペットの印象や経験，音色や構え方について共有する。	
	○「トランペットふきの休日」を鑑賞し，曲の感じについて話し合う。	・曲の背景について伝え，曲想とつなげる。	
	○主旋律を捉え，音の重なりに気付く。	・主旋律を全員で口ずさむ。 ・トランペットを演奏している人数について考えることで，音の重なりに気付かせる。	
	○体を動かす活動を通して，実感を伴って，曲の構成や変化に気付く。	・三人一組になり，主旋律を演奏するまねをしたり，主旋律とそれ以外のパートに分かれて体を動かしたりする。	
	○反復などの旋律の特徴について聴き取ったことと感じ取ったことについて伝え合う。	・色分けしながら図形楽譜を描くことで，旋律の特徴に気付きやすくする。	知
第二次（第2時）	**ねらい**：トランペットと比較しながら，ホルンの音色の特徴を捉え，「アレグロ」の旋律を手の動きで表現することで「トランペットふきの休日」の新たなよさに気付く。		
	○「アレグロ」を鑑賞し，トランペットと比較しながらホルンの音色，形や大きさ，構え方について知る。	・何の楽器で演奏されているか考えることで，トランペットの音色と比較する。 ・写真などで形や構え方を共有する。 ・前時のワークシートを見ながらトランペットの音色の特徴を想起し，比較する。	
	○「トランペットふきの休日」と比較しながら，感じたことをワークシートに書き，話し合う。	・ホルンは何名で演奏されているのか問いかけ，音の重なりに注目させる。 ・感じたことを共有するため，旋律を手で表したり，ホルンの模奏をしながら鑑賞したりする。	
	○主旋律を図形楽譜に描き，前時と比較しながら旋律の特徴について捉える。	・主旋律を色分けし，旋律について「トランペットふきの休日」と比較しながら話し合う。	思
	○改めて「トランペットふきの休日」を鑑賞して，曲の紹介文を書く。 ○学習を振り返る。	・改めて鑑賞することで，曲のよさを再発見し，交流する。	態

6 本時の流れ（1／2時間）

○学習内容　・学習活動	教師の主な発問と子供の状況例	評価規準と評価方法
ねらい：「トランペットふきの休日」を聴き，トランペットの音色の特徴を捉え，曲想及びその変化との関わりについて気付く。		
○トランペットについて知っていることや，音色について捉える。 ・トランペットの画像や動画で形や音の出る仕組み，音色や構え方について知る。 ○鑑賞し，曲の感じについて話し合う。 ○主旋律を捉え，音の重なりに気付く。 ・「パ」など音色の特徴とつなげた言葉で口ずさむ。 ・トランペットは何人で演奏しているのか考える。 ・映像で確認する。 ○体を動かす活動を通して，実感を伴って，曲の構成や変化に気付く。 ・音の重なり方や，反復が見て取れるグループを指名し全体で共有する。 ・主旋律のパートと副次的な旋律のパートに分かれて体を動かし，曲の反復や変化を捉える。 ・互いに向かい合い，自分のパートが聴こえてきたら立ち上がるなど体を動かす。 ・動いて気付いたことを交流し，聴き取ったことと体の動きとをつなげて板書にまとめる。 ○反復などの旋律の特徴について，聴き取ったことと感じ取ったことについて伝え合う。 ・色分けしながらシートに描く。 ・図形を見合いながら振り返る。 ・実物投影機で映しながら話し合う。 ○今日の振り返りを書く。	「今日は，この『トランペット』が出てくる曲を聴きます。見たことがありますか？」 ・金色だね。ラッパの仲間だ。 ・高いはっきりした元気な音だね。 ・すごく速い。運動会のかけっこの音楽だね。 「『トランペットふきの休日』という曲です。曲を聴いて，どんな感じがしましたか？」 ・なんだか忙しい感じ　・楽しい 「主役のメロディーを歌えますか？」 ・パパパパパ・・・ 「トランペットは何人で演奏しているでしょう？」 ・途中で，音がずれて重なっているところがあるから一人じゃないね。５人かな。 ・やっぱり３人だったね。 「トランペットの旋律を３人で表現してみましょう」 ・どのグループも，始めと終わりは同じ動きになった。旋律が同じだからね。 「トランペットとそれ以外の二つのパートに分かれます。自分のパートの音が聴こえてきたら立って動いてみましょう」 ・呼びかけとこたえのように代わりばんこに立つところが，お話しているみたい。 ・繰り返しがたくさんあることが分かった。 ・最後は，大きく動いて盛り上がる感じだね。 「トランペットの最初の旋律を描いてみました。聴いて気付いたことも書き加えながら続きを描いてみましょう」 ・○○さんの図形楽譜は，曲の最後に盛り上がる旋律の様子がよく分かるね。 ・どの人も，主役の旋律が繰り返していることが共通しているよ。 ・他の金管楽器の曲も聴いてみたいな。	知 図形楽譜 ワークシート 発言

鑑賞…3年

7 授業づくりのポイント

❶ 本物の楽器と動画を併用して活用する

　児童が主体的に鑑賞の活動に取り組むためには，教科書の写真だけでなく，実際の楽器を見せることで楽器が身近に感じられ，音色のイメージも膨らみます。学校に楽器がなくても，近隣の中学校に吹奏楽部があれば借用することも考えられます。また，実際に演奏できなくてもトランペットの解説などを映像で観ることができると，マウスピースに当てた唇を息で震わせて音を出す仕組みなどが分かりますし，楽器の構え方など，児童が模奏する際の手助けにもなります。

　楽器の単独の音を聴くことによって，音の高さや楽器の音色の特徴についても共通理解でき，その後の鑑賞活動に生きる知識となります。

❷ 学びが見えるワークシートを活用する

　一瞬で消えてしまう音楽の学びを深めていくためには，ワークシートの活用が重要です。3年生になると，言葉や図で表現する力も高まってきます。

　ワークシートは，シンプルでかつ1枚で学習全体を見通すことができることが重要です。曲の全体的な特徴（音楽的な特徴を言葉や図で表す）への気付きを深めること（知識），そのことと関連付けながら，この曲のよさを見いだすこと（思考力，判断力，表現力等）ができるように考えて作成しました。

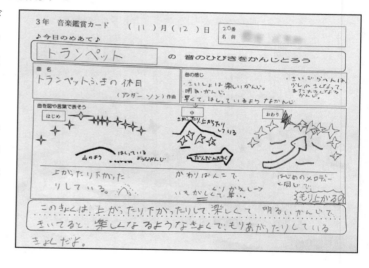

❸ 主旋律の音色を体の動きで表現し，旋律の「見える化」を図る

　本題材では，旋律の特徴を聴き取る手立てとして，3人1グループとなって体を動かす活動を取り入れます。個々がトランペットの演奏者になりきり，曲に合わせて動きます。各グループの発表を見合うことで，3人が同じ動きをする場面や，ずれて重なっていく場面などが全員で確認・共有できます。旋律になりきって動いたり止まったりする活動は，主旋律と副次的な旋律とが呼びかけとこたえの関係になっていることなどにも気付くきっかけとなります。

　また，「トランペット」パートと「副次的な旋律」パートとに分けて向かい合い，体を動か

します。強さが弱ければ，児童は自然に体を小さくしたり，旋律の音が高ければ手を上に挙げたりするなど大きな動きになりますから，音の高さや強弱についても体の動きから共有することができます。そして，図形楽譜に書くことで，児童の想像したことや感じ取ったことについて教師や友達と伝え合うようにします。

　図形楽譜は，共通の記号や色をいくつか決めてそのルールで描くことで，共有しやすくなります。このような活動の積み重ねにより，生きて働く知識が育まれ，これが，深い学びの糸口になります。そして，教師が意図をもって個やグループを指名し，見る視点を伝えます。そうすることで旋律のよさなどが「見える化」し，曲の特徴やよさなどを言葉で伝え合うことで学びが焦点化していくのです。

❹ 聴き取ったことと感じ取ったこととをつなげて板書する

　鑑賞では，板書が非常に重要な役割を果たします。音楽は目に見えないので，板書を通して互いの考えを理解したり，自分の考えとつなげたり，曲のどの部分からそう感じたのかを共有したりすることは重要です。児童が感じ取った様々なことを，音楽のどこからそう感じたのか聴き取ったことを根拠にしながら個々の思考を教師がつなげて整理していきます。板書は，音楽の縦と横が織りなす，音楽を形づくっている要素の関わり合い，そして曲や演奏から感じ取ったよさや面白さが児童の言葉で書かれている，まさに，その時間の学びが一目で分かるものにしていくことが大切です。

板書例

（畠山　美砂）

17

地いきにつたわる音楽でつながろう

学年・活動 第３学年・鑑賞（音楽づくり） 主な教材 「祇園囃子」「ねぶた囃子」「神田囃子」

本題材で扱う学習指導要領の内容

２内容　Ａ表現　(3)音楽づくりア(イ)，イ(イ)，ウ(イ)　Ｂ鑑賞　(1)鑑賞ア，イ　〔共通事項〕(1)ア
思考・判断のよりどころとなる主な音楽を形づくっている要素：音色，リズム，旋律，速度，音楽の縦と横との関係

1 題材の目標

○曲想及びその変化と，和楽器の音色やリズムなどの特徴との関わりや，音やフレーズのつなげ方などの特徴に気付くとともに，音楽の仕組みを用いて，旋律をつくる技能を身に付ける。

○音色，リズム，旋律，速度，音楽の縦と横との関係を聴き取り，それらの働きが生み出すよさや面白さ，美しさを感じ取りながら，聴き取ったことと感じ取ったこととの関わりについて考え，どのように祭り囃子の旋律をつくるかについて思いや意図をもったり，祭り囃子の音楽のよさなどを見いだし，曲全体を味わって聴いたりする。

○祭り囃子の音楽の特徴や祭り囃子の旋律をつくることに興味をもち，音楽活動を楽しみながら主体的・協働的に鑑賞と音楽づくりの学習活動に取り組み，地域の祭り囃子に親しむ。

2 題材の特徴と学習指導要領との関連

❶ 生活との関わり，文化との関わり

鑑賞教材の選択の観点には，「生活との関わりを捉えやすい音楽」が示されています。本題材で扱う各地に伝わる祭り囃子は，人々の生活の中から生まれ，継承されてきた音楽です。このような音楽を扱うことは，我が国や郷土の音楽に親しみ，よさを一層味わえるようにするために大切です。ぜひ，児童の住んでいる地域に伝わる祭り囃子を取り上げてください。祭り囃子保存会の方々をゲストティーチャーに招く等，様々なつながりが考えられる題材です。

❷ 地域に伝わる音楽の指導で大切にしたいこと

「我が国や郷土の音楽の指導に当たっては，そのよさなどを感じ取って表現したり鑑賞したりできるよう，音源や楽譜等の示し方，伴奏の仕方，曲に合った歌い方や楽器の演奏の仕方などの指導方法を工夫すること」とあるように，知識や技能の習得に偏ることなく，そのよさなどを十分に感じ取って表現したり鑑賞したりできるよう指導方法を工夫することが重要です。

また，教科等横断的な視点でカリキュラムを組み立てていくことも大切です。社会科や総合的な学習の時間とのカリキュラム・マネジメントの可能性も考えられることでしょう。

3 主体的・対話的で深い学びの視点による題材構成のポイント

❶ 主体的な学習となるよう，体験を生かした指導を計画する

　我が国や郷土の音楽の指導では，指導方法を工夫することが強調されています。郷土の伝統音楽は，もともと五線の楽譜は存在せず，「ドンドン」といったオノマトペ（「口唱歌」と言います）や，口承で伝えられてきました。このような特徴を積極的に活用し，口唱歌を唱えさせる，太鼓や鉦のリズムを机で打つ所作をさせる，実際の踊りを踊らせる，というのはどうでしょうか。児童は,郷土の音楽をより主体的に学ぶことができると思います。

❷ グループで一つの祭り囃子をつくる

　鑑賞の学習を通して，児童は「祭り囃子はグループで演奏されるもの」というイメージができることと思います。そこで自分たちの祭り囃子についても「一人一人のつくった旋律をつなげてグループの祭り囃子をつくろう」と呼びかけます。一人一人のつくった旋律が続く感じになっているかなど，聴き合い，話し合いながら，祭り囃子づくりの学習が充実するように，題材の指導過程を構成しています。

❸ 祭り囃子の学習をきっかけに，自分たちの生活に関わる祭り囃子に興味をもつ

　3曲の祭り囃子の鑑賞を通して，児童は，国内の離れた場所のお祭りであっても共通する点や異なる点があることや，祭りの本来の意義を知ります。社会科や総合的な学習の時間で学んだ自分たちの住む場所の文化の中に祭りがあることを知り，その音楽的な特徴に興味をもつことで，自分たちの地域に伝わる音楽のよさを一層味わえるようになり，深い学びにつながります。

4 題材の評価規準

知識・技能	思考・判断・表現	主体的に学習に取り組む態度
知 祭り囃子の曲想及びその変化と，音楽の構造との関わりについて気付いている。　　　　（鑑賞） 知技 音やフレーズのつなぎ方の特徴に気付くとともに，音楽の仕組みを用いて音楽をつくる技能を身に付けて音楽をつくっている。　（音楽づくり）	思① 音色，リズム，旋律，速度，音楽の縦と横との関係を聴き取り，それらの働きが生み出すよさを感じ取りながら，聴き取ったことと感じ取ったこととの関わりについて考え，曲や演奏のよさなどを見いだし，曲全体を味わって聴いている。 　　　　　　　　　（鑑賞） 思② 音色，リズム，旋律，呼びかけとこたえなどを聴き取り，それらの働きが生み出すよさを感じ取りながら，音やフレーズのつなげ方を工夫し，どのようにまとまりを意識した祭り囃子の旋律をつくるかについて思いや意図をもっている。 　　　　　　　（音楽づくり）	態 祭り囃子の音楽の特徴や祭り囃子の旋律をつくることに興味をもち，音楽活動を楽しみながら主体的・協働的に鑑賞と音楽づくりの学習活動に取り組もうとしている。 　　（鑑賞，音楽づくり）

5 指導と評価の計画（全5時間）

次	○学習内容	指導上の留意事項	評価規準
第一次（第1時）	**ねらい：祭り囃子の音楽の特徴に興味をもち，学習の見通しをもつ。**		
	○「祇園囃子」「ねぶた囃子」から音色等の特徴について気付いたことを発表する。 ○体を動かしながら，祭り囃子の雰囲気に親しむ。 ○今後の学習の見通しをもつ。	・聴こえてくる楽器の演奏のまねをしたり教科書の楽器の写真を確認したりしながら，楽器の音色を聴き分けるようにする。 ・ワークシートに聴く観点を示し，比較鑑賞できるようにする。音色を「チチチン」などのオノマトペで記入させるのもよい。 ・「ねぶた囃子」ではハネト（踊り手）のステップを踏むのも楽しい。	
第二次（第2時）	**ねらい：祭り囃子の特徴への気付きを深め，よさなどを見いだし，曲全体を味わって聴く。**		
	○「神田囃子」から「素囃子」を視聴し，楽器の音色やリズム等の特徴に気付く。 ○「神田囃子」から「投げ合い」を視聴し，締太鼓の唱歌を唱えたり，打ったりする。	・「神田囃子」では笛，鉦（かね）と2種類の太鼓の4種の楽器が使われていることを知らせる。 ・ワークシートに書かれた口唱歌（くちしょうが）を指差しながら学級の友達と一緒に唱えさせる。机を手で打つなど，本物を打つ経験をさせる。	
（第3時）	○「投げ合い」の祭り囃子の楽器の音色やリズム，旋律，速度の変化，音の重なり方などの特徴についての気付きを深める。 ○知識を生かしながら，曲や演奏のよさを紹介する文を書き紹介文を交流する。	・ワークシートを参考に，口唱歌を唱える，体を動かすなどして，特徴に気付かせる。 ・児童が聴き取った特徴を，音楽の構造が分かるように整理して板書にまとめる。 ・実際の神田祭の映像を視聴させる等して祭り囃子の音楽に親しむようにする。 ・音楽的な理由に触れながら，曲や演奏のよさなどについて書くように促す。 ・友達の紹介文のよさを認め合うように促す。	知 思① 態
第三次（第4時）	**ねらい：一人一人が2小節の旋律をつくり，グループで，つなぎ方，始め方や終わり方などを工夫して，祭り囃子の旋律をつくって楽しむ。**		
	○リコーダーを使い，ラドレの音で即興的な呼びかけとこたえの表現を楽しむ。 ○各自が三つの音で2小節の祭り囃子の旋律をつくる。	・教師がクラベス等を打ち，「タンタンタン」に続く4拍目に「はいっ！」と声かけをする。 ・できた旋律は，自分の分かるように記録させておくようにする。	
（第5時）	○つくった旋律を使い，グループでまとまりを意識した音楽をつくる。	・「続く感じ」「終わる感じ」に気を付けて，グループで旋律をつなげさせる。 ・締太鼓のリズムに合わせて演奏を楽しむ。	思② 知技 態

6 本時の流れ（3／5時間）

○学習内容・ 学習活動	教師の主な発問と子供の状況例	評価規準と評価方法
ねらい：祭り囃子の特徴への気付きを深め，よさなどを見いだし，曲全体を味わって聴く。		
○「神田囃子」から「投げ合い」の演奏を視聴したり，楽器の口唱歌（くちしょうが）を唱えたりしながら，祭り囃子の楽器の音色やリズム等の特徴に気付く。 ・どの楽器からどんな音色が聴こえるか気を付けながら，「投げ合い」の演奏を視聴する。 ・聴き取った「投げ合い」の楽器（大太鼓，鉦，篠笛）の口唱歌を，ワークシートを見ながら唱える。	「この間は，神田祭の祭り囃子の楽器の中から締太鼓に挑戦しましたね。今日は，他にどんな楽器の音色が聴こえるか，気を付けて聴きましょう」 ・この前の時間にやった締太鼓は真ん中だね。 ・笛もあるね。鉦（かね）は，手で持つんだ！ ・ドンドンという，大太鼓があるんだね。	
○「投げ合い」の演奏を視聴し，祭り囃子の旋律やリズム，音の重なり方等の特徴についての気付きを深める。 ・音楽的な特徴に着目しながら，「投げ合い」を視聴する。 ・「投げ合い」の音楽的な特徴について感じたことや気が付いたことをワークシートにメモする。 ・板書から音楽の構造を把握する。	「どんな楽器がどんなリズムで演奏しているか，分かりましたね。今度はそれらの楽器が『投げ合い』の中でどのように演奏しているか，聴きますよ。何か一つ楽器を決めて聴くのもよいですね。感じたことや気付いたことを，プリントにメモしておきましょう」 ・締太鼓が最初に打っていて，次に笛が入って重なったね。 ・最後は鉦と大太鼓が入った。 ・同じことを繰り返しているよ。	知 観察 ワークシート
○神輿宮入の場面を視聴し，「投げ合い」が神田祭のどのような場面で演奏されているのかを把握する。	「『投げ合い』が神田祭の中でどのように演奏されているのか，見てみましょう」 ・お神輿と一緒にやるんだ！	
○「投げ合い」のよさを紹介する文を書いて，交流する。 ・音楽的な理由に触れながら，よさを紹介する。	「今までの学習を生かし，神田囃子の『投げ合い』のよさを紹介しましょう」 ・終わりの方で，速さがだんだんゆっくりになっていたのがよかった。 ・笛がピーッとなっているところがおもしろかったよ。	思① ワークシート 発言
○「投げ合い」の学習で，心に残ったことを学級で交流する。	・笛がピーッと聞こえると他の楽器の演奏が変わったみたい。笛が合図なのかな。	態 ワークシート 発言，観察

7 授業づくりのポイント

❶ 比較鑑賞できるよう，聴く観点を示したワークシートを作成する

近年，児童にとってお祭りとは，スーパー等の催し物であることが多いようです。「お祭りの音楽を聴きましょう」と投げかけたところで，児童のイメージは日ごろ聴き慣れた流行の音楽だったりします。だからこそ，児童と祭り囃子との初めての出会いはていねいに扱いたいものです。

第一次では，音色等の聴き取りから祭り囃子の特徴に興味をもたせます。

	祇園囃子（京都府）	ねぶた囃子（青森県）
どんな感じ?		
どんな音がきこえてくる?		
使われている楽器		
リズムや速さについて気が付いたこと		
そのほか感じたことや気が付いたこと		

最初から「何の楽器の音が聴こえてきましたか」でもよいのですが，まずは「どんな感じがしましたか」から始め，「どんな音がしましたか」と続けます。「チチチン」等のオノマトペで答えさせることで，違う楽器が重なっていることに気付くでしょう。

また，二つの祭り囃子を並べて言葉で表すことで，共通点に気付いたり違うところが見えたりして，比較鑑賞にもつながっていきます。

楽器の名前	楽器の名前	楽器の名前	楽器の名前
しめ太こ（調べ）	大太こ（大ど）	かね（四助）	しの笛（トンビ）
音色を言葉で表そう	音色を言葉で表そう	音色を言葉で表そう	音色を言葉で表そう

❷ 口唱歌を唱える，体の動きを取り入れる

郷土の音楽の指導について，学習指導要領解説に「…楽器の演奏の仕方については，（中略）口唱歌を活用することなどが考えられる。口唱歌とは，和楽器の伝承において用いられてきた学習方法で，リズムや旋律を『チン・トン・シャン』などの言葉に置き換えて唱えることである。口唱歌は，和楽器の学習だけではなく，音楽づくりにおけるお囃子づくりや，我が国の音楽の鑑賞の学習においても効果的な方法である。また，例えば，仕事歌などでは動作を入れて歌うなど，歌われたり演奏されたりしたときの様子に合った体の動きを取り入れることも効果

的である」とあります。

　第一次から，楽器の演奏や踊り手の動きをまねすることで体の動きを取り入れましたが，第二次では，締太鼓の口唱歌を唱えさせてみました。口唱歌でボイスアンサンブルすることで，祭り囃子の演奏の雰囲気を味わうことも可能です。

　とは言え，児童にとっては初めての経験です。プリントを配布するとよいと思います。

しょうが歌

	しめ太こ（調べ）	大太こ（大ど）	かね（四助）	しの笛（トンビ）
一	天	スッドン	チットン	チヒリ／チヒリー
二	テ／テ	ドン	トントト	チリ／リー
三	ツク	スッドン	トントチ	チヒリ／リー
四	ツク	ドン	チトン	チリ
五	天	スッドン	トントト	ヒャ／チーヒー
六	ス／ケ	ドン	トントト	ヒリ／リッ
七	天	ドン	トチ	ヒャ
八	ヤ	ド	チキ	

❸ **日本の楽器の音色やリズム等のよさなどを見いだしたら，自分でつくってみる**

　鑑賞の学習を生かして，音楽づくりを楽しみましょう。ここでは，リコーダーでの運指が左手だけで行えるラと高いドと高いレの三つの音と，　♩♩♩ ‡ ｜♩♩♩ ‡ ｜ のリズムを使って，リコーダーを吹きながら祭り囃子の旋律をつくります。ラと高いドと高いレの三つの音を使った音楽づくりでは，自然に日本の音階の特徴を感じ取ることができるでしょう。また，一人一人のつくった旋律をつないだり，締太鼓のリズム伴奏を加えたりすることで，祭り囃子の音楽の特徴を感じ取りながら，まとまりのある音楽をつくることができるでしょう。

　最初は，指導者の「ラドレ」に対して「ラドレ」と模倣する活動から始め，次第に「レドラ」と違う旋律でこたえを返せるようにしていきます。いくつかの児童の旋律から，「終わる感じ」と「続く感じ」を聴き取らせるとよいでしょう。資料のようなプリントを準備しておくとよいと思います。

レ				‡				‡
ド								
ラ								
締太鼓	天	テテ	ツク	ツク	天	スケ	天	ヤ

（西村　美紀子）

18

日本の音楽に親しもう

学年・活動 第4学年・鑑賞　**主な教材** 「ソーラン節」「南部牛追い歌」

本題材で扱う学習指導要領の内容

2内容　Ｂ鑑賞　(1)鑑賞ア，イ　〔共通事項〕(1)ア

思考・判断のよりどころとなる主な音楽を形づくっている要素：リズム，旋律，拍

1　題材の目標

○「ソーラン節」と「南部牛追い歌」の，曲想及びその変化と，音楽の構造などとの関わりについて気付く。

○「ソーラン節」と「南部牛追い歌」のリズム，旋律，拍を聴き取り，それらの働きが生み出すよさや面白さを感じ取りながら，聴き取ったことと感じ取ったこととの関わりを考え，それぞれの曲のよさなどを見いだし，曲全体を味わって聴く。

○日本の民謡の音楽の特徴などに興味をもち，「ソーラン節」と「南部牛追い歌」の違いを楽しみながら，主体的に鑑賞の学習活動に取り組み，様々な日本の民謡に親しむ。

2　題材の特徴と学習指導要領との関連

❶ 本題材で扱う教材「ソーラン節」と「南部牛追い歌」の特徴

「ソーラン節」は，北海道の民謡で，ニシン漁のときに歌われていた仕事歌です。手拍子を打ちながら，合いの手やかけ声を楽しんで聴くことができる曲です。「南部牛追い歌」は，岩手県の民謡で，牛の世話をするときや荷物を運ぶときに歌った仕事歌です。拍のない自由なリズムで歌われており，拍のある「ソーラン節」との比較鑑賞に適した教材です。拍の有無，リズムや旋律の違いに着目して聴き比べることで，それぞれの曲のよさを味わって聴くことができます。日本の民謡への関心をもつことに適した教材と言えます。

❷「日本の音楽に親しむ」学習の位置付け

第3学年及び第4学年の鑑賞教材選択の観点アには，「和楽器の音楽を含めた我が国の音楽，郷土の音楽（中略）など生活との関わりを捉えやすい音楽（後略）」と示されています。この二つの曲は，人々の生活との関わりを捉えやすい郷土の音楽と言えるでしょう。このような曲を扱う場合，音楽的な見方・考え方を働かせた学習活動（特に音や音楽と音楽の背景〈人々の生活や文化など〉との関わりについて考えること）によって，曲や演奏のよさなどを見いだし，曲全体を味わって聴く学習が充実するよう，指導を工夫することが大切です。

3 主体的・対話的で深い学びの視点による題材構成のポイント

❶ 児童の聴き取りや素直な感じ取りを大切にし，思考に寄り添って授業を展開する

　児童が主体的に鑑賞の活動に取り組むためには，児童が自ら音楽の価値に気付くことができるように指導を工夫することが大切です。音楽の特徴を教師が一方的に教えるのではなく，繰り返し聴いたり，体を動かしながら聴いたりする活動を通して，自ら音楽の特徴に気付き，児童自身が音楽のよさを見いだしていく姿を求めていきます。鑑賞時の児童の表情や体の動き，つぶやきを大切にして授業を展開することで，主体的な学びを実現することができます。

❷ 気付いたことや感じ取ったことを共有する場面を設ける

　鑑賞の活動において，対話的な学びが展開されるためには，音楽を聴いて気付いたことや感じ取ったことなどを共有する場面を設定することが必要です。同じ曲を聴いても，着目する特徴が人それぞれだったり，感じ取る印象が異なったりすることがあります。だからこそ，互いの気付きや感じ方などを伝え合い，共有する場が大切です。「太鼓の音から力強い感じがした」という発言に対して，「太鼓のリズムに気を付けて聴いてみよう」と全体に広げ，同じ視点をもって再度，音楽を聴くことにより，音楽をより味わって聴くことができるようになります。

❸ 聴き取ったことと感じ取ったことを結び付ける

　「合いの手があると，漁の作業に気合いが入る感じがする」などと，音楽から聴き取ったことと感じ取ったこととを結び付けていくことを大切にします。そうすることで，音楽的な理由を伴って曲や演奏のよさなどについて考えをもつことができるようになります。聴き取ったことと感じ取ったこととを関連付けた思考を働かせることが，深い学びの視点から重要です。

4 題材の評価規準

知識・技能	思考・判断・表現	主体的に学習に取り組む態度
知① 「南部牛追い歌」の曲想及びその変化と，音楽の構造などとの関わりについて気付いている。 知② 「ソーラン節」の曲想及びその変化と，音楽の構造などとの関わりについて気付いている。	思① 「南部牛追い歌」のリズム，旋律，拍などを聴き取り，それらの働きが生み出すよさや面白さ，美しさを感じ取りながら，聴き取ったことと感じ取ったこととの関わりについて考え，曲のよさなどを見いだし，曲全体を味わって聴いている。 思② 「ソーラン節」のリズム，旋律，拍，呼びかけとこたえなどを聴き取り，それらの働きが生み出すよさや面白さ，美しさを感じ取りながら，聴き取ったことと感じ取ったこととの関わりについて考え，曲のよさなどを見いだし，曲全体を味わって聴いている。	態 「ソーラン節」「南部牛追い歌」の音楽の特徴に興味をもち，音楽活動を楽しみながら主体的・協働的に鑑賞の学習活動に取り組もうとしている。

5 指導と評価の計画（全2時間）

次	○学習内容	指導上の留意事項	評価規準
	ねらい：「ソーラン節」と比較しながら，「南部牛追い歌」の音楽の特徴への気付きを深め，曲のよさなどを見いだし，味わって聴く。		
第一次（第1時）	○拍を感じながら，「ソーラン節」を聴き，拍にのったリズムに親しむ。 ○「南部牛追い歌」を聴いて，曲の特徴に気付く。 ○「ソーラン節」と比較し，拍のある音楽と拍のない音楽があることを捉える。 ○「南部牛追い歌」を仕事の様子を思い浮かべながら聴く。 ○「南部牛追い歌」の声やリズム，旋律，拍などの音楽の特徴への気付きを深め，曲のよさなどを見いだして聴く。	・手拍子をしながら聴くように促し，拍にのったリズムを感じ取ることができるようにする。 ・最初は教科書等を見せずに，音楽だけ聴かせることで，聴き取った言葉やリズム，感じ取った曲の面白さなどを児童が自由に発言できるようにする。 ・歌詞や絵を用意して提示し，牛追いの作業の様子を表した曲であることをつかませた上で，もう一度聴かせる。 ・旋律をまねして口ずさんだり，仕事の様子を思い浮かべながら体を動かしたりして聴かせる。	知① 思①
第二次（第2時）	**ねらい：**「南部牛追い歌」と比較しながら，「ソーラン節」の音楽の特徴への気付きを深め，曲のよさなどを見いだし，味わって聴くとともに，日本の様々な民謡に親しむ。		
	○「ソーラン節」の曲の特徴を捉える。 ○「南部牛追い歌」と比較し，二つの曲の感じの違いをつかむ。 ○「ソーラン節」を仕事の様子を思い浮かべながら聴く。 ○「ソーラン節」の歌声やリズム，合いの手，かけ声などの音楽の特徴への気付きを深め，曲のよさなどを見いだして聴く。 ○我が国には人々が大切に歌い伝えてきた郷土の音楽がたくさんあることを捉える。	・音楽だけ聴かせて，聴き取ったことや感じ取ったことを自由に発言させる。 ・次に，「南部牛追い歌」の特徴と比較しながら，発言できるようにする。 ・歌詞や絵を提示し，ニシン漁の作業を表した曲であることを共有し，再度聴かせる。 ・「ハイハイ」や「どっこいしょ」などの合いの手やかけ声を唱えながら聴かせることで，仕事歌であることを感じ取ることができるようにする。 ・手拍子を打つ，仕事の様子に合わせて体を動かすなどして，音楽の特徴が，仕事の様子を表していることを捉えさせる。 ・教科書に掲載されている郷土の民謡から，興味のある地域の民謡を聴かせる。 ・本題材で学んだことを共有する。	知② 思② 態

6 本時の流れ（2／2時間）

○学習内容　・学習活動	教師の主な発問と子供の状況例	評価規準と評価方法
ねらい：「南部牛追い歌」と比較しながら，「ソーラン節」の音楽の特徴への気付きを深め，曲のよさなどを見いだし，味わって聴くとともに，日本の様々な民謡に親しむ。		
○「ソーラン節」の曲の特徴を捉える。 ・「ソーラン節」を聴いて，聴き取ったことや感じ取ったことを発表する。	「『ソーラン節』はどんな曲ですか」 ・「ハイハイ」や「ハアどっこいしょ」などの合いの手やかけ声が入っていたよ。 ・リズムにのった音楽で，体を動かしたくなった。	
○「南部牛追い歌」と比較し，「ソーラン節」の曲の特徴に気付きを深める。 ・「ソーラン節」の特徴について，「南部牛追い歌」のリズムや旋律の特徴，曲の感じを想起しながら考える。	「『南部牛追い歌』とは違うの？」 ・「南部牛追い歌」は，拍がなくて，旋律をまねして歌うのが難しかった。 ・「ソーラン節」は拍があって，手拍子にぴったり合うよ。 ・両方とも，かけ声のようなものがあるのは，似ている。	知② 発言 観察 ワークシート
○「ソーラン節」を仕事の様子を思い浮かべながら聴き，聴き取ったことと感じ取ったこととの関わりについて考える。 ・歌声やリズム，旋律，拍などの音楽の特徴やそれらの働きから生まれるよさや面白さを感じ取りながら聴き，よさなどを共有する。 ・音楽の特徴と，曲の背景との関わりについて捉える。	「『ソーラン節』も『南部牛追い歌』のように仕事をするときに歌った曲です。なんの仕事でしょう」 ・「ニシン」という言葉が聴こえたよ。 ・「どっこいしょ」と言っていたから，ニシンを持ち上げている歌なのかな。 「『ソーラン節』はニシン漁をするときにたくさんの人が声を合わせて歌った歌です。仕事の様子が，音楽の特徴にどのように表れているでしょうか」 ・かけ声から，力を合わせている様子が感じられる。 ・リズムにのった太鼓の音から，手際よく作業している感じがする。	思② 発言 観察 ワークシート
○我が国には人々が大切に歌い伝えてきた郷土の音楽がたくさんあることを捉える。 ・教科書に掲載されている郷土の民謡を見て，興味のある地域や住んでいる地域の民謡を聴く。	「日本各地には，他にも古くから伝えられてきた『民謡』という音楽がたくさんあります。さらに学んでみたいことは何ですか」 ・自分の住んでいる地域にもあるのかな。 ・いろいろな地域の音楽も聴いてみたいな。	態 発言 観察 ワークシート

鑑賞 …… 4年

7 授業づくりのポイント

❶ 曲との出会わせ方を工夫する

　現在の児童にとって，我が国や郷土の音楽は，必ずしも身近な存在とは言えない現状があります。児童の主体的な学びを実現するためには，興味・関心をもてるような曲との出会いを工夫し，「面白い曲だ」「もっと聴いてみたい」という気持ちを引き出すことが大切です。

　本モデルでは，二つの曲との出会いを工夫しました。まず，学習の始めに，拍のある音楽として「ソーラン節」を一度だけ聴かせます。我が国の音楽には，一般に「拍がある」という共通のイメージをもたせるためです。その後に，拍のない音楽である「南部牛追い歌」を聴かせると，これまで拍のある音楽に親しんでいる児童は，拍のない新たな音楽との出会いに驚き，戸惑いを見せるかもしれませんが，その驚きや戸惑いこそが主体的に鑑賞の活動に取り組むエネルギーとなります。「南部牛追い歌」を味わった後で，「ソーラン節」の学習を行うことで，拍のあるリズムを一層感じ取りやすくなり，心を躍らせながら聴き，曲の雰囲気とリズムや旋律などの音楽の特徴との関わりに気付きながら，曲のよさや面白さを感じ取ることができます。

❷ 演奏に参加し，音楽の当事者となる

　拍にのったリズムで演奏される「ソーラン節」を鑑賞する際には，音楽に合わせて手拍子をしながら聴いたり，「ハイハイ」や「ハアどっこいしょ」などの合いの手やかけ声を一緒に入れながら聴いたりするなど，児童自身が演奏に参加し，音楽の当事者の意識をもてるような活動を取り入れることが効果的です。そのことをきっかけにして旋律を口ずさんだり，音楽に合わせて体を動かしたりする姿につながっていきます。

　人々の生活と深く関わりのある音楽だからこそ，体を動かしたり，一緒に声を出したりしながら曲を聴くことが，当時の人々の生活に思いを巡らせながら，音楽のよさなどを見いだし，曲全体を味わって聴くことにつながります。

❸ 聴き取ったことと感じ取ったことを言葉や体で表出させる

　鑑賞の学習では，音楽から聴き取ったことや感じ取ったことなどを互いに共有することが大切です。そのためには，様々な手立てが必要です。例えば，太鼓の音を「トントコ　トントコ」，鉦の音を「チン」や「カン」などと，音色や奏法など言葉で表現することを「口唱歌」と言いますが，このような活動を取り入れることで，楽器の音色

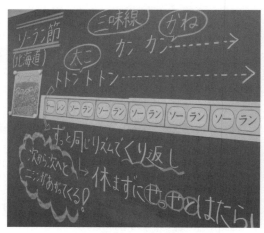

言葉を価値付けた板書の例

やリズムなどの特徴を全員で共有することができます。

　また，体を動かす活動を効果的に取り入れることも大切です。言葉で上手く表現できないときには，体の動きで「（漁の様子は）こんな感じかな」と表現することもありますね。

　日常の学習において，児童が表現する言葉や体の動きを大切にし，価値付けていくことで，感じ取った音楽のよさを互いに伝え合いながら，曲の味わいを深めていくことができます。

❹ 我が国や郷土の音楽への親しみを広げる

　音楽科の目標には，「生活や社会の中の音や音楽と豊かに関わる資質・能力」の育成を目指すことが明記されています。そのために，人々の生活と関わりの深い，「ソーラン節」や「南部牛追い歌」といった音楽を学習する本題材の役割は重要です。

　「ソーラン節」「南部牛追い歌」の学習をさらに意味あるものにするために，学習の終末には，日本全国に視野を広げ，各地で古くから大切に受け継がれてきた郷土の民謡に親しむ場を設定します。

　4学年の児童は，社会科の学習で都道府県について学び，日本全国への興味が高まっていることから，日本地図を提示して，興味のある地域の音楽を聴かせるなど，他教科との関連を図りながら学習を深めていくことができます。

　一方，自分たちの住んでいる地域に目を向けていくことも大切です。その際，実際の映像や写真を見せるなどし，各地域の人々の伝統の継承への願いや熱気を感じ取ることができるようにすることも，効果的です。

　人々の生活や文化と深く関わりのある本題材を学習する際には，児童の実態や学校の地域性を十分に考慮し，児童が音楽を身近に感じることができるように取り扱う曲や出会わせ方，聴かせ方を工夫し，音楽を通じて，児童が我が国や自分の暮らしている地域に愛着を深めることができるようにしていくことが大切です。

（北嶋　菜津子）

各地の民謡とその特徴の学習をまとめた掲示物の例

19

せんりつの重なりを感じ取ろう

学年・活動 第4学年・鑑賞　主な教材 「ファランドール」

本題材で扱う学習指導要領の内容

２内容　Ｂ鑑賞　(1)鑑賞ア，イ　〔共通事項〕(1)ア
思考・判断のよりどころとなる主な音楽を形づくっている要素：旋律，反復，変化，音楽の縦と横との関係

1 題材の目標

○「ファランドール」の曲想及びその変化と，音楽の構造との関わりについて気付く。

○「ファランドール」の二つの旋律，反復，変化，音楽の縦と横との関係を聴き取り，それらの働きが生み出すよさや面白さを感じ取りながら，聴き取ったことと感じ取ったこととの関わりについて考え，曲のよさなどを見いだし，曲全体を味わって聴く。

○「ファランドール」の音楽の特徴に興味をもち，音楽活動を楽しみながら主体的・協働的に鑑賞の学習活動に取り組み，オーケストラの音楽に親しむ。

2 題材の特徴と学習指導要領との関連

❶ 本題材で扱う教材「ファランドール」の特徴

　「ファランドール」は，フランスの作曲家ジョルジュ・ビゼーの作品「アルルの女」第2組曲の第4曲です。この曲は，堂々として迫力のあるプロヴァンス地方の民謡「王の行進」と，軽快で弾んだ感じのプロヴァンスの民族舞踊「馬のダンス」の二つの旋律で構成されています。それぞれの旋律が反復されながら様々に変奏されており，曲想の変化を聴き取りやすい曲です。本題材では，旋律の移り変わりと，曲の終盤に二つの旋律が重なったときの面白さに気付かせていきたいです。

❷ 「曲想と音楽の構造との関わりについて気付く」学習の位置付け

　本題材では，二つの旋律が交互に登場した後に重なって演奏されるという音楽の構造と，曲想との関わりに気付かせる活動が中心となります。曲想と音楽の構造の関わりについて気付かせる活動は，第1学年及び第2学年から位置付けられています。第3学年及び第4学年では，「曲想及びその変化と，音楽の構造との関わり」とされており，音楽の構造の変化が，曲想の雰囲気の変化を生み出していることに気付かせることが求められています。本題材では，二つの旋律が交互に表れ，最後にはその旋律が重なって演奏されるという音楽の構造と，それらにより曲想が変化していくことに気付かせることが大切です。

3 主体的・対話的で深い学びの視点による題材構成のポイント

❶ 曲や演奏のよさなどについて，多様な考えをもつことができる場面を設定する

　児童は自らの考えが認められる経験を重ねることで，より意欲をもって主体的に活動することができます。児童が曲と初めて出会い，感想をもつ場面や，曲の特徴を学んだ後に，全体を味わって聴く場面などで，多様な感じ方や価値に気付かせ，児童の中で共有して認め合う場面をつくっていくことが大切です。

❷ 児童の考えを共有したり比較したりする場面を設定する

　鑑賞の学習では，個人の考えを書かせたり発言させたりする場面が多くなりますが，教師と児童の1対1の対話だけでなく，子供同士で意見の交換をさせる場面を意図的に設定することで，対話的な学びが深まります。音楽を形づくっている要素の表れ方や，音楽を特徴付けている要素と音楽の仕組みとの関わり合いなど，題材の指導過程において，確実に聴き取らせたい部分について，友達と話し合うことで知識の習得を確かなものとすることが期待できます。また，曲や演奏のよさなどを友達と伝え合うことは，自ら曲や演奏のよさなどの考えを深め，思考の過程や結果などを言葉で表す表現力を広げることにつながります。

❸ 教材研究を深めて，児童の考えの根拠を見付ける

　鑑賞の学習では，児童が感じ取った曲想及びその変化を基にしながら，なぜそう感じるのかと考えさせることで，音楽を形づくっている要素の表れ方や要素同士の関わりについて気付かせることが大切です。中学年以降からは，鑑賞で扱う曲も複雑な構成になっていきます。教師が事前にていねいに教材研究を進めて，児童が音楽から感じ取った言葉が音楽のどの要素と関わっているのかについてすぐに把握できれば，児童の考えを大切にしながら深い学びにつなげていくことができます。

4 題材の評価規準

知識・技能	思考・判断・表現	主体的に学習に取り組む態度
知 「ファランドール」の曲想及びその変化と，旋律の反復や変化，重なり方などの特徴との関わりについて気付いている。	思 「ファランドール」の旋律，反復，変化，音楽の縦と横との関係を聴き取り，聴き取ったことと感じ取ったこととの関わりについて考え，曲や演奏のよさなどを見いだし，曲全体を味わって聴いている。	態 「ファランドール」の音楽の特徴に興味をもち，音楽活動を楽しみながら主体的・協働的に鑑賞の学習活動に取り組もうとしている。

鑑賞
‥‥
4年

5 指導と評価の計画（全2時間）

次	○学習内容	指導上の留意事項	評価規準
第一次（第1時）	ねらい：曲全体の雰囲気と場面ごとの曲想と，二つの旋律の表れ方や関わり合いに着目して「ファランドール」を聴く。		
	○曲全体の雰囲気と，その変化を感じ取って聴く。 ○場面ごとの曲想を感じ取って聴く。 ○二つの旋律（「王の行進」「馬のダンス」）に着目して聴き，感じたことを全体で話し合う。 ○二つの旋律の関わり合いに気を付けて聴く。 ○二つの旋律がどのように関わり合って登場するのか，グループで話し合いながら，図に表す。	・感じたこと，想像したことについて，自由に話すよう促す。 ・音楽の特徴に合った体の動きを取り入れるように促す。 ・二つの旋律の関わり合いを，付箋を使って表すようにする。 ※「7．授業づくりのポイント」❶（p134）参照	知
第二次（第2時）	ねらい：「ファランドール」の音楽の特徴への気付きを深め，曲の聴きどころを見つけて紹介する活動を通して，曲のよさなどを見いだし，曲全体を味わって聴く。		
	○二つの旋律の反復，重なり方を確認する。 ○前時に作成した二つの旋律の関係図を見ながら，旋律の反復，重なり方に着目して，聴き深める。 ○想像したこと，感じたことを，音楽的な特徴（音楽を形づくっている要素の表れ方，要素同士の関わり合い）と結び付け，言葉で表す。 ○曲の聴きどころを紹介するカードを書いて，交流する。 ○曲の聴きどころに着目して，楽曲全体を味わって聴く。 ○「ファランドール」の学習を振り返る。	・全員でどの旋律が出てきているか，挙手をしながら確認する。 ・児童が感じ取った部分の音を流しながら全体で確認する。 ・児童が自分の好きな場面を選べるようにする。 ・各自がグループ内で発表した後，全体に紹介する。 ・学んだこと，さらに学んでみたことなどを書くように促す。	思 態

6 本時の流れ（2／2時間）

○学習内容　・学習活動	教師の主な発問と子供の状況例	評価規準と評価方法
ねらい：「ファランドール」の音楽の特徴への気付きを深め，曲の聴きどころを見付けて紹介する活動を通して，曲のよさなどを見いだし，曲全体を味わって聴く。		
○前時の振り返りをする。 ・「王の行進」「馬のダンス」の旋律を歌う。 ・それぞれの特徴について振り返る。	「王の行進，馬のダンスはどんな音楽だったでしょう」 ・王の行進は，堂々としていて力強い。 ・馬のダンスは，軽やかで走っているみたい。	
○二つの旋律（「王の行進」「馬のダンス」）の反復，重なり方を確認する。 ・前時に作成した二つの旋律の関係図を見ながら，旋律の反復，重なりを意識して聴く。 ○想像したこと，感じたことを，音楽的な特徴と結び付け，言葉で表す。 ・自分が最も紹介したい，ファランドールの聴きどころとなる「おすすめポイント」の場面に付箋を貼り，選んだ理由を考える。 ・「おすすめポイント」をグループで伝え合う。 ○「ファランドール」の紹介カードを書く。 ・グループ内で紹介カードを読み合い，お互いのよいところを見つける。 ・数名が全体に発表する。	・馬のダンスは何回も繰り返している。 ・途中で二つの音楽が交互に出てくる。 ・最後は王と馬が一緒になってさわいでいる。 ・二つの旋律が重なると，とてもにぎやかで楽しい気持ちになる。 「グループで表を見ながら，自分が一番好きな場面を選んで，理由を考えましょう」 ・力強くてかっこいいから，最初の場面が好き。 ・一番盛り上がるから，最後の場面が好き。 「曲を知らない人に，この曲の一番好きな場面をおすすめするカードを書きましょう」 「音楽の様子が伝わるように，書きましょう」 ・王と馬が次々に入れ替わっていくところは，だんだん気持ちが盛り上がって面白い。 ・王と馬の旋律が重なって，王様も楽しい気分になってパーティーみたい。	思 ワークシート 発言
○曲の聴きどころに着目して，楽曲全体を味わって聴く。 ○「ファランドール」の学習を振り返る。	「他の人のおすすめポイントに注目しながら，最後に曲を聴きましょう」	態 ワークシート 発言 観察

7 授業づくりのポイント

❶ 音楽の構造を可視化する

4年生になると，音の重なり方（音楽の縦と横との関係）や呼びかけとこたえなど，複数の声部で構成される音楽の構造に興味をもって聴く児童が多くなります。しかし，音楽の構造を，耳だけで聴き取ったり，楽譜を見て理解したりする力は十分ではありま

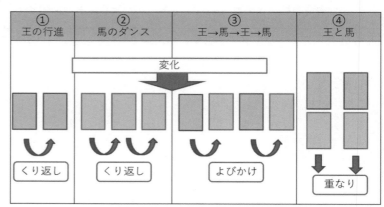

せん。児童が音楽の構造に興味をもち，対話によって比較検討ができるようにするために，音楽の構造を記号などで可視化することは大変重要です。

本題材では，二つの旋律を2色の付箋で表しました。それを小グループで話し合いながら，どういう順番で出てきているのかを考えさせます。付箋を用いると，何度も貼り直しながら対話の中で比較検討することができます。また，音楽に苦手意識をもっている児童も，ある旋律が聴こえたら付箋を貼る，という単純な作業なので，意欲的に取り組みやすいです。

❷ 児童の興味・関心を大切にする

音楽科の授業における鑑賞の学習では，「聴き取らせたいポイント」を明確にする必要があります。しかし，それを重要視するあまりに，教師側の価値観を押しつけることになってはいけません。できるだけ児童が自由な感想をもてる場を意図的に設定し，個々の児童の多様な感想を認めることが大切です。自分の発言が認められることによって，主体的に学ぶ姿勢が育っていきます。

本題材では，音楽の縦と横との関係（二つの旋律の重なり方）を聴き取らせることが一つのめあてなので，ファランドールの最後の部分が本題材の学習の中心になります。しかし，音の重なり方について全体で押さえた後は，児童が好きな場面を選ぶようにします。その場面は，冒頭でも中間部でも，児童が興味をもっているならどこでも構いません。どうしてそこが面白いと思うのか，音楽的な理由（二つの旋律の重なり方の音楽的な特徴）に着目して考えることができれば，本題材のめあては達成したと言えます。自分が興味・関心をもち，自分の言葉で説明したことが認められる経験を積むことによって，児童の学びに向かう力は確実に高まっていきます。

❸ ICT 機器を効果的に活用する

　音楽科の授業で ICT 機器を活用できると，音源や映像の提示，児童の学習カードの提示などが効果的，効率的に行うことができるようになり，児童の学習内容の理解を深めることにつながります。鑑賞の授業では，CD よりも Bluetooth 等が使用できるタブレット機器，音楽プレーヤーなどを使うと非常に効果的です。授業中に児童の間を回りながら，聴かせたい曲の一部分をさっと流すことができます。曲を自由にトラック分割できるアプリなどを使用すると，さらに再生が楽になります。一方，曲を流す以外にも，タブレット機器を使えば，グループでつくったワークシートをカメラで撮ってすぐにテレビに映したり，音楽の構造を記号化したものをプレゼンテーションソフトで作成して見せたりすることも簡単にできます。

　鑑賞の授業や，音楽を聴かせる場面だけでなく，歌唱や器楽，音楽づくりの授業でも ICT は様々に活用することができます。今は多様なニーズに応じたアプリがあり，音楽のアプリもかなり充実しているので，ぜひ活用してみてください。また，内蔵の機能を使って児童の演奏を録画したり，IC レコーダーを使って音取りの音源を作成したりするなど，多くの活用方法があります。児童が使用できるタブレット機器等がある場合には，そちらに音取り用の音源を送って，スピーカーにつなげれば自主的にパート練習をさせることもできます。

❹ 体を動かす活動を取り入れるなど，多様な学習活動を設定する

　鑑賞の授業は，教師側が準備をしていないと，「聴く」「書く」「発表する」だけの活動になりがちです。その三つ以外の活動をいかに盛り込むかが，鑑賞の授業を面白くするための鍵になります。

　低学年であれば，音楽に合わせて体を動かす，踊るなどの活動が多く取り入れられます。4 年生でも抵抗なく取り組める場合には，思いきり体を動かしてみてもよいでしょう。体を動かす活動は，常に全身を動かすわけではありません。ある旋律が出てきたら手を挙げる，指揮を振る，なども，体を動かす活動です。大切なのは，ねらいに応じた活動を取り入れることです。

　本題材では，他にも，❶で紹介したように，音楽を聴きながら構造図をつくる活動も取り入れています。学習活動が単調にならないよう，多様な学習活動を取り入れることを意識しています。

（小川　詩織）

20

曲のよさを味わってきこう

第4学年・鑑賞　主な教材 「山の魔王の宮殿にて」

本題材で扱う学習指導要領の内容

2内容　B鑑賞　(1)鑑賞ア，イ　〔共通事項〕(1)ア
思考・判断のよりどころとなる主な音楽を形づくっている要素：速度，旋律，強弱，反復

1　題材の目標

○「山の魔王の宮殿にて」の曲想及びその変化と，音楽の構造との関わりについて気付く。

○「山の魔王の宮殿にて」の速度，旋律，強弱，反復を聴き取り，それらの働きが生み出すよさや面白さ，美しさを感じ取りながら，聴き取ったことと感じ取ったこととの関わりについて考え，曲や演奏のよさなどを見いだし，曲全体を味わって聴く。

○「山の魔王の宮殿にて」の反復する旋律の特徴に興味をもち，音楽活動を楽しみながら主体的・協働的に鑑賞の学習活動に取り組む。

2　題材の特徴と学習指導要領との関連

❶ 本題材で扱う教材「山の魔王の宮殿にて」の特徴

　教材「山の魔王の宮殿にて」は，ノルウェーの作曲家エドヴァルド・グリーグによってつくられた作品で，「ペールギュント」第1組曲の1曲にあたります。曲中に同じ旋律が強弱，速度を変えながら繰り返され，中盤に楽器が増えて音に厚みが増します。曲の後半になるにつれ盛り上がりを見せるため，曲想の変化を捉えやすく，音楽を形づくっている要素の関わり合いに気付いたり，曲のよさなどを見いだしたりしながら，曲全体を味わって聴くことに適した教材と言えます。

❷「曲や演奏のよさなどを見いだし，曲全体を味わって聴く」学習の位置付け

　鑑賞の事項アにおいて，第1学年及び第2学年では「曲や演奏の楽しさを見いだし，曲全体を味わって聴く」という学習が位置付けられています。第3学年及び第4学年においては「曲や演奏の楽しさ」が「曲や演奏のよさなど」と変わっていくことから，中学年では，これまで以上に音楽を形づくっている要素に着目し，音楽的な理由を伴って，よさなどを言葉で表すことができる指導が重要となってきます。実際の学習指導においては，聴き取ったことと感じ取ったこととを関わらせながら，曲の特徴への気付きを深めたり，よさなどを見いだしたりして，曲全体を味わって聴く学習が大切となります。

3 主体的・対話的で深い学びの視点による題材構成のポイント

❶ 児童の体の動きやつぶやきを取り上げ，授業を展開する

　曲を聴きながら，体を揺らしたりしている様子や「〜が○○しているみたい」など，児童のつぶやきを教師が取り上げ，価値付けていくことが大切です。なぜそのようなイメージが思い浮かんだのか，どうしてそのような体の動きにつながるのかに着目しながら，曲を繰り返し聴いたり感じ取ったことを共有したりすることで，曲のよさや面白さなどを自ら見いだしていく主体的な学びが実現していきます。

❷ 曲の特徴を捉えるために板書を工夫する

　曲を聴き，児童が曲からどんなイメージをもったのか，あるいはどんな場面の様子が浮かんだのかなど，その曲のもつ特徴について聴き取ったことと感じ取ったこととを関連させながら発言したり，ワークシートに書いたりする活動を十分に取り入れます。その様子の中から教師が意図的に気付きを拾い上げ，板書していくことで気付きが視覚的に整理されていき，思考のツールとして活用していくことが，対話的な学びにつながります。

❸ 繰り返し，確かめながら聴き，曲のよさなどを味わう

　何度も同じ旋律が繰り返されていく中で，速度，強弱が少しずつ変化していく特徴を細かく捉え，その理由や根拠を音楽の中に求めていく学習展開を考えることが大切です。聴き取ったことと感じ取ったこととを関連付けながら，曲を部分的に取り出して繰り返し確かめながら聴いていくことで，この曲の曲想と強弱，速度の変化の様子に気付くことができ，深い学びを目指すきっかけとなります。

4 題材の評価規準

知識	思考・判断・表現	主体的に学習に取り組む態度
知 「山の魔王の宮殿にて」の曲想及びその変化と，音楽の構造との関わりについて気付いている。	思 「山の魔王の宮殿にて」の速度，旋律，強弱，反復を聴き取り，それらの働きが生み出すよさや面白さ，美しさを感じ取りながら，聴き取ったことと感じ取ったこととの関わりについて考え，曲や演奏のよさを見いだし，曲全体を味わって聴いている。	態 「山の魔王の宮殿にて」の反復する旋律の特徴に興味をもち，音楽活動を楽しみながら主体的・協働的に鑑賞の学習活動に取り組もうとしている。

鑑賞

4年

5 指導と評価の計画（全2時間）

次	○学習内容	指導上の留意事項	評価規準
	ねらい：曲想とその変化を感じ取って，旋律が反復している様子に気を付けて聴く。		
第一次（第1時）	○「山の魔王の宮殿にて」を聴き，思い浮かんだ場面の様子やイメージなどを伝え合う。 ○感じ取ったことや想像したことをワークシートに記入する。 ○主旋律の特徴を押さえて感じ取ったことを伝え合う。 ○主旋律が反復して何度も演奏されている様子を捉える。 ○主旋律の特徴で感じ取ったことをワークシートへ記入し，伝え合う。	・予め，曲を聴いて思い浮かんだ場面の様子や曲の雰囲気などを捉えて聴くことを伝えておく。 ・曲からどんなことを想像したのか，感じ取ったことをワークシートへ記入する。 ・感じ取ったことや想像したことを共有し，次時において曲の特徴や音楽を形づくっている要素と結び付けて考えていくきっかけにする。	
	ねらい：主旋律を中心とした速度，強弱の変化を聴き取り，それらの働きが生み出す曲想の変化を感じ取って聴く。		
第二次（第2時）	○前時で学習したことを想起しながら曲を聴く。 ○感じ取ったことを中心に，なぜそのようなイメージや場面が思い浮かんだのか，曲を部分的に繰り返して聴きながら，その理由や根拠を考える。 ○曲想の変化と強弱，速度の変化を結び付けながら聴く。 ○「想像したこと・感じ取ったこと」と「強弱」「速度」「旋律」を結び付けながらワークシートに記入する。 ○全体を通して曲を聴き，曲のよさや面白さなどを見いだし，全体を味わって聴く。 ○鑑賞の学習を振り返る。	・「何かに追いかけられているみたい」等，児童が想像したことが曲のどの旋律にあたり，なぜそう感じたのかを確かめながら聴くことで，速度や強弱の変化と結び付けていく。 ・聴き取ったことと感じ取ったことがどのように関わり合っているのかが明確になるように板書していく。 ・強弱や速度の変化に着目させながらワークシートへ記入する。 ・曲想の変化と強弱，速度の変化が関わっていることで，曲や演奏によさや面白さが増していくことに気付きながら聴き深めていく。	知 思 態

6 本時の流れ（2／2時間）

○学習内容　・学習活動	教師の主な発問と子供の状況例	評価規準と評価方法
ねらい：主旋律を中心とした速度，強弱の変化を聴き取り，それらの働きが生み出す曲想の変化を感じ取って聴く。		
○「山の魔王の宮殿にて」全体を鑑賞する。 ・前時で学習したことを思い出しながら聴く。	「この前の時間に学習したことを思い出しながら，聴きましょう」	
○感じ取ったことを中心に，なぜそのようなイメージや場面が思い浮かんだのか，曲を部分的に繰り返して聴きながら，その理由や根拠を考える。 ・速度，強弱などの要素に気付いている児童を取り上げ，板書で整理しながら価値付ける。	「想像した様子が少しずつ変わっていくのはなぜでしょうか」 ・曲がだんだん速くなり，盛り上がるように音も強くなっているから。	
○曲想の変化と，強弱，速度の変化とを結び付けながら聴く。 ・同じ旋律が繰り返されている様子を捉え，曲想と共に少しずつ速度や強弱が変化していく様子を捉える。 ○「想像したこと・感じ取ったこと」と「強弱」「速度」「旋律」を結び付けながらワークシートへ記入する。 ・自分が想像したこと，感じ取ったことが音楽を形づくっている要素とどのように結び付いているのかを考えてワークシートへ書き込む。	「どの部分で曲が盛り上がっていくのか変わっていく様子を捉えて聴きましょう」 ・同じ旋律が繰り返されていく中で，〜から少しずつ音が強くなっている。 「速さはどのように変わっていきましたか」 ・だんだん音が強くなるにつれて，速度も一緒に速くなっていくように感じる。 「自分が想像した様子と，強弱と速度が変化していく様子を結び付けて聴きましょう」 ・自分が考えた様子と同じように強弱，速度も一緒に少しずつ変化している。	知 発言 観察 ワークシート
○全体を通して曲を聴き，曲のよさや面白さを見いだし，曲全体を味わって聴く。 ・曲全体を通して曲想の変化と速度，強弱が変化していく様子を捉えて聴くことで，曲にどんなよさや面白さがあるのかを見いだしていく。 ○鑑賞の学習を振り返る。	「曲全体を強弱や速度に気を付けて聴きながら，この曲のいいところや素敵だと思ったことを書きましょう」 ・同じ旋律でも，速さ，強弱が変わっていくだけで，緊張感が増していく感じが出て，面白いね。	思 発言 観察 ワークシート 態 発言，観察 ワークシート

鑑賞…4年

7 授業づくりのポイント

❶ 主体的に「聴く」ための明確なめあてを設定する

児童は，鑑賞の授業の始まりに「今日はどんな曲を聴くのだろう」とワクワクしています。児童が主体的に鑑賞するためには，曲との出会いが大切です。「まずはどんな曲か聴いてみましょう」では，めあてが不明確であり，主体的な学びの姿に結び付きにくくなります。曲を聴かせる前には，例えば「曲を聴いてどんな場面の様子やイメージが浮かんだのか，想像しながら聴いてみましょう」のように，教師の意図的な発問があることで，曲を聴くためのめあてをもたせることができます。

一方，初めから曲名を伝えずに，曲そのものを鑑賞し，そこから想像したことを書かせたりする工夫も考えられます。中には，本題材のねらいである曲想と強弱，速度の変化に最初から気付く児童もいるので，その気付きを全体化しながら学習を進めていくとよいでしょう。

❷ 「想像したこと」や「感じ取ったこと」を効果的に引き出す発問を行う

鑑賞では，児童が曲からどんな想像をしたのか，「感じ取ったこと」を十分に引き出すことが必要となります。予めワークシートを用意しておき，初めて曲を鑑賞するときから，感じ取ったことがいつでも書き込めるように十分時間を確保することが大切です。

4年 音楽 鑑賞 「感じ取ったことや想像したことが変わって言う様子を細かくとらえながら聴こう」 ♪「ペールギュント」第1組曲から 「山の魔王の宮殿にて」　　グリーグ　作曲		
	はじめ	**なか**	**おわり**
感じ取ったこと 想像したこと	・コソコソとかくれながら歩いている。 ・大きな人がのそのそと歩いている感じがする。	・何かに追いかけられていて，だんだん急ぎ足になり，とちゅうから走り回っているような感じがした。 ・とてもはくりょくがあってドキドキした。 ・ドンドンとせまるようなきんちょう感が出ていた。	・追いかけられているとちゅうで，おどろいてたおれこんでいる場面があった。「ドン！ドン！」 ・最後は無事ににげたようなイメージだった。 ・とびらを「ピシャ！」と閉めるようだった。
〈聴き取ったこと 強弱・速度〉	・しずかでずっしりと重たく，ゆったりした速さだった。 ・弱い音が続いている。	・速さが変わり，だんだん速くなっていた。 ・「はじめ」とくらべて楽器の音が強く大きくなっていて，はくりょくが出てきた。	・シンバルの音が強く大きく「ピシャ」となりひびいている。 ・いっしゅん音楽が止まったようなところがある。 ・どんどん終わりに向かって音楽がもり上がっていた。いきおいがついているような感じだった。

感じとったこと・想像したことを，聴き取ったこと（強弱・速度）と合わせて書きましょう。

はじめはゆっくりで，のそのそとしていたのに速度が後半にいくにつれてどんどん速く変わっていく様子が，何かに追いかけられているように感じられました。速さが少しずつ変わる様子に合わせて，音もだんだん強くなり，後半では曲全体が大きくもり上がっている感じが，あわてて逃げているようなきんちょう感に変わり，おもしろいと感じました。

鑑賞している際は，児童のわずかな体の動きなどにも着目します。児童が拍に合わせて動いていたり，自然と曲想を捉えて動いたりしている瞬間を見逃さないようにしたいです。

共有の場面では「〇〇が〜しているような場面が思い浮かんだ」などの児童のつぶやきをたくさん引き出しておくことが大切です。想像したことは一人一人違っていても，曲想の変化の捉え方を共有しておくことで，それが速度や強弱と結び付いていることに気付くきっかけとなります。共有の際には，主旋律の拡大譜を用意しておくことで，口ずさんだり，音符を目で追ったりして視覚的に確認でき，より効果的に感じ取ったことが引き出せます。また「感じ取ったこと」の根拠を音楽の中から見付けられるように丁寧に問い返したり，発言をつないだりしていくことで子供同士の気付きを学習に生かしていくことができます。

❸ 思考のツールとなる板書を工夫する

　鑑賞における板書は，曲想の変化と音楽を形づくっている要素とを結び付けて聴くために，最も重要な役割を果たします。「主体的・対話的で深い学びの視点による題材構成のポイント」において「曲の特徴を捉えるための板書の

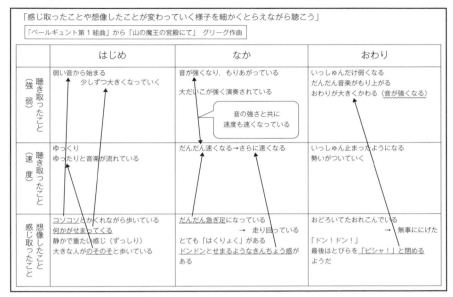

工夫」を挙げましたが，本題材では，「想像したこと・感じ取ったこと」と「強弱」「速度」「旋律」が結び付くように整理しながら板書することに重点を置きました。児童のつぶやきから「想像したこと，感じ取ったこと」をまとめ，それが音楽を形づくっている要素とどのように関連付いているのかを視覚的に捉えながら確かめていくことで，板書を児童の思考ツールとして活用できます。また，感じ取ったことが速度や強弱の変化と結び付くように，矢印でつなぐ，色を変える等の工夫をすることで整理していくようにしました。

❹ 繰り返し，確かめながら聴き深めていく場を設定する

　授業では，「想像したこと・感じ取ったこと」が，曲のどの部分からそう感じたのか，感じ取ったことの根拠となるものを音楽の中に求めていくことが大切です。そのためには，言葉だけでのやり取りにするのではなく，必ず音を介して，部分的に繰り返し確かめながら聴く時間をできるだけ多く取り入れます。「何かに追いかけられているようだ」と発言した児童には，それが曲のどの場面からそう感じたのかを聴いて確かめていくことで，実感を伴いながら速度の変化と結び付けていくことができます。また，拍打ちをしたり，冒頭の主旋律と中間部分の主旋律をリズム打ちしたりすることで，速度が変化していることに気付くこともできます。こうした学習活動を繰り返し経験していくことで，児童は，曲想の変化が音楽を形づくっている要素と結び付いていることに気付き，曲全体を改めて鑑賞したときに，聴き取ったことと感じ取ったこととの関わりについて考えながら，曲全体を味わって聴くことができるようになっていきます。

（村上　美奈子）

【執筆者一覧】

今村　行道　　横浜市教育委員会首席指導主事

津田　正之　　国立音楽大学教授

原山　史子　　横浜市立中和田小学校

武田　聖子　　横浜市立桜岡小学校

太田　理絵　　横浜市教育委員会指導主事

上石　千鶴　　横浜市立桜岡小学校

曳田　裕子　　学校法人　軽井沢風越学園

吉田百合子　　横浜市立八景小学校

須田　直之　　松本市立大野川中学校

芳賀佳奈子　　横浜市立井土ヶ谷小学校

丸山　朱子　　横浜市立六浦南小学校

酒巻みどり　　市原市立国分寺台小学校

梅津　英孝　　市原市立ちはら台西中学校教頭

神馬　侑子　　千葉市立小中台小学校

杉田　起子　　さいたま市立栄小学校

山本　　陽　　千葉市立北貝塚小学校

畠山　美砂　　札幌市立西小学校

西村美紀子　　印西市小倉台小学校

北嶋菜津子　　札幌市立資生館小学校

小川　詩織　　市川市立鬼高小学校

村上美奈子　　横浜市立東希望が丘小学校

【編著者紹介】

今村　行道（いまむら　こうどう）

横浜市立小学校教諭，横浜国立大学附属横浜小学校主幹教諭等を経て現在，横浜市教育委員会南部学校教育事務所首席指導主事。学習指導要領の改善に係る検討に必要な専門的作業協力者，評価規準，評価方法等の工夫改善に関する調査研究協力者。作曲を専門とし，作品に横浜市立茅ヶ崎台小学校校歌「ひかり輝く」等がある。

津田　正之（つだ　まさゆき）

北海道公立小学校教諭，琉球大学准教授，文部科学省教科調査官等を経て現在，国立音楽大学教授。博士（音楽）。小学校学習指導要領解説音楽編の編集に当たる。戦後の音楽教育史，米国統治下の沖縄の音楽教育史を専門とする。編著に『学びがグーンと充実する！小学校音楽　授業プラン＆ワークシート（低・中・高学年）』（明治図書），『「我が国の音楽」の魅力を実感できるワクワク音楽の授業―実践動画試聴ＱＲコード付』（学事出版）などがある。

新学習指導要領対応
小学校音楽イチ押し授業モデル　中学年

2020年11月初版第1刷刊 2021年11月初版第2刷刊	©編著者	今　村　行　道 津　田　正　之
	発行者	藤　原　光　政
	発行所	明治図書出版株式会社

http://www.meijitosho.co.jp
（企画）木村　悠（校正）川上　萌
〒114-0023　東京都北区滝野川7-46-1
振替00160-5-151318　電話03（5907）6703
ご注文窓口　電話03（5907）6668

組版所　広　研　印　刷　株　式　会　社

＊検印省略

Printed in Japan　　　　　　ISBN978-4-18-351219-2
もれなくクーポンがもらえる！読者アンケートはこちらから →